U0730619

普通高等学校学前教育专业系列教材

思 维 训 练

主编　王向东

复旦大学出版社

图书在版编目（CIP）数据

思维训练/王向东主编. —上海：复旦大学出版社,2009.10(2022.3 重印)
ISBN 978-7-309-06876-4

Ⅰ.思… Ⅱ.王… Ⅲ.思维方法-能力培养-学前教育-教学参考资料 Ⅳ.G613

中国版本图书馆 CIP 数据核字(2009)第 160400 号

思维训练
王向东 主编
责任编辑/查 莉

复旦大学出版社有限公司出版发行
上海市国权路 579 号 邮编：200433
网址：fupnet@ fudanpress.com http://www.fudanpress.com
门市零售：86-21-65102580 团体订购：86-21-65104505
出版部电话：86-21-65642845
大丰市科星印刷有限责任公司

开本 890×1240 1/16 印张 9.5 字数 262 千
2022 年 3 月第 1 版第 7 次印刷
印数 19 101—20 200

ISBN 978-7-309-06876-4/G·853
定价：28.00 元

如有印装质量问题,请向复旦大学出版社有限公司出版部调换。

编委名单

主　编：王向东

副主编：全晓燕

编　者：夏　蔚　王　芳　廖　平

前　言

　　恩格斯说"思维是地球上最美丽的花朵",而思维科学则是探索这最美丽花朵奥秘的新兴学科。

　　长久以来,人们发现头脑的智慧不一定会随着知识的增长而提升,一个装有许多知识的头脑和一个灵活的、具有创造力的头脑之间并不能画等号。我们的传统教育往往只注重知识传授,而忽略智慧的传授。如何在人生思维发展的重要时期——中小学阶段,训练学生思维、传授智慧,成为思维科学探索的重要话题。

　　那么,智慧能不能像学习数学一样循序渐进呢?训练思维能不能像锻炼身体一样提高呢?

　　答案是肯定的!关键在于科学的思维培训。本书编写力求体现素质教育新理念、新思维,通过有效的训练来提升大脑智慧,让思维变得更快、更高、更强,在激烈的竞争中智商、情商高人一筹,领先一步。

　　本套教材全一册,共六章,分章设节,每节内容大体按广角镜—七嘴八舌—自我探秘—训练场—迷津点拨—思考题来编排,努力做到形式多样,贴近生活,学生喜爱,富有教育性、启迪性。《思维训练》课程开设一学年,每期36课时,总计72课时。各校可以结合本校实际,灵活安排,不必受此限制。

　　本书由四川省隆昌幼儿师范学校编写。王向东担任主编,全晓燕担任副主编,各部分具体编写人员如下:第一章走进神秘的大脑、第六章情商是智商的助推器:王芳;第二章开启智慧之门、第三章火眼金睛是这样炼成的:夏蔚;第四章敲开你的记忆力之门、第五章思维盛宴:廖平。全书由全晓燕、廖平统稿。

　　本书在编写过程中,参考了国内相关出版物和互联网上的资料,吸收了许多专家的一些研究成果,循教材惯例,未能一一注出,谨在此表示衷心感谢。由于我们水平有限,时间仓促,加之编写人员学识浅疏,内容难免挂一漏万,表述尚需琢磨推敲,敬请专家、同仁批评指正。

编　者

目录

MULU

第一章

走进神秘的大脑

> 人类最伟大的发现之一,就是对大脑无限潜能的认识。
>
> ——爱因斯坦

第一节　原来我们是"巨人"

神奇的大脑具有无限的潜能,没有任何人能够知道自己的智力极限①……可以这样说,我们就是一个具有无限力量的巨人!

【广角镜】

谁拿走了爱因斯坦的大脑?

每当人们提到阿尔伯特·爱因斯坦,都会说:"他真幸运,他拥有历史上最聪明的一颗大脑,让他创造了如此多的奇迹!"可见,人们对这位伟人的大脑是如此的惊叹和感兴趣。同样,在这位伟人去世时,世人都想看看,这样一位科学家的大脑是什么样子,是不是真的异于常人,让他能从一个三岁都不会说话的笨孩子变成了创造相对论、能量守恒定律、物质不灭定律的伟大科学家。

不幸的是,在他去世没多久,他的大脑就像他本人一样,似乎从这个世界上消失了。爱因斯坦的大脑成了不解之谜!他的大脑到底隐藏了什么?是谁拿走了他的大脑?

【七嘴八舌】

1. 你认为爱因斯坦的大脑和我们的大脑一样吗?

---

① 孙作东.激活沉睡的脑.黑龙江人民出版社,2007.

2. 人的聪明才智是天生的,还是后天学习训练而成的?

小结: 人的大脑潜能是无限的,很多心理学家认为,人的大脑只使用了 3%,也有人认为使用了 5%,还有人认为使用了 9%,但有一点已达成共识:人类大脑 90% 以上都是处于休眠状态。

世界上谁最聪明?到目前为止,爱因斯坦被认为是世界上聪明绝顶的人。爱因斯坦死后,科学家对他的大脑进行了解剖,发现他的大脑是目前世界使用最多的人,但也只使用了 1/3,2/3 仍处于休眠状态。从对大脑使用这一角度来看,他的大脑确实和一般人不一样。

也有的专家认为,人类潜在智商都有 2 000,但现代人一般是 49 到 152 的智商。一个人智商若在 140 以上,便可被称为天才,可是连潜在的 2 000 智商的 1/10 都不到。那么这就是说,我们每个人一出生都有潜在的 2 000 智商,但是由于科学与教育发展所限,使人类大脑潜能无法充分发挥出来。所以,一直到人死去之时,大脑 90% 的潜能仍然在睡觉。这是多么的可惜呀![1]

那么,一个人的大脑究竟能容纳多少知识呢?按照科学家的估算,理论上大脑可能存储的信息量相当于藏书 1 000 万册的美国国会图书馆的 50 倍,高达 5 亿本。如果一天读一本书,要不间断地读 136 万年才能装满我们的大脑。一个人在 70 年内,假若每天用 10 小时来学习,尽量接收各种信息,其总量还不到人脑可容量的百分之一,或最高可容量的十万分之一。

科学家研究表明:如果我们的大脑能够发挥一半的能力,那他就能轻而易举地学会 40 种语言,学完 10 所大学的课程,获得 12 个博士学位。

几千年来,神秘的大脑一直是人类的不解之谜,它的记忆容量比电子计算机的信息容量大千万倍[2]。

说到这里,什么是智商?自己的智商到底是多少?我们不妨来探一探吧!

【自我探秘】

测一测你的智商,看看自己还有多少潜能未开发

智商就是 IQ,通俗地可以理解为智力,具体是指数字、空间、逻辑、词汇、记忆等能力,是人们认识客观事物并运用知识解决实际问题的能力。某种意义上智商就像电脑的硬件如 CPU,一个智商高的人在短时间内能够做很复杂的事情。就像奔腾级、迅驰级的 CPU 能够运转 windowsXP 这样的大型软件,而 386、486 只能运转 DOS 之类的小型软件一样。

智力包括多个方面,如观察力、记忆力、想象力、分析判断能力、思维能力、应变能力等。智力的高低通常用智力商数来表示,用以标示智力发展水平。

智商表示人的聪明程度:智商越高,则表示越聪明。想检验自己的智商是多少吗?这并不困难,以下就是一例国内较权威的 IQ 测试题,请在 30 分钟内完成(30 题),之后你就会知道自己的 IQ 值是多少了[3]。

---

① 摘自 http://www.bjqtyn.cn
② 孙作东.激活沉睡的脑.黑龙江人民出版社,2007.
③ 摘自 http://bbs.rednet.cn

注意：每个人的智商和成功不是靠一套题就能完全断定的，一套题难免有它的局限性。

1. 选出不同类的一项：

A. 蛇　　　　　B. 大树　　　　　C. 老虎

2. 在下列分数中，选出不同类的一项：

A. 3/5　　　　　B. 3/7　　　　　C. 3/9

3. 男孩对男子，正如女孩对：

A. 青年　　　　B. 孩子　　　　C. 夫人　　　　D. 姑娘　　　　E. 妇女

4. 如果笔相对于写字，那么书相对于：

A. 娱乐　　　　B. 阅读　　　　C. 学文化　　　　D. 解除疲劳

5. 马之于马厩，正如人之于：

A. 牛棚　　　　B. 马车　　　　C. 房屋　　　　D. 农场　　　　E. 楼房

6. 2 8 14 20(　　)，请写出"(　　)"处的数字。

7. 这四个词是否可以组成一个正确的句子：生活 水里 鱼 在

A. 是　　　　　　　　　　　　B. 否

8. 这六个词是否可以组成一个正确的句子：球棒 的 用来 是 棒球 打

A. 是　　　　　　　　　　　　B. 否

9. 动物学家与社会学家相对应，正如动物与(　　)相对：

A. 人类　　　　B. 问题　　　　C. 社会　　　　D. 社会学

10. 如果所有的妇女都有大衣，那么漂亮的妇女会有：

A. 更多的大衣　　B. 时髦的大衣　　C. 大衣　　　　D. 昂贵的大衣

11. 1 3 2 4 6 5 7(　　)，请写出"(　　)"处的数字。

12. 南之于西北，正如西之于：

A. 西北　　　　B. 东北　　　　C. 西南　　　　D. 东南

13. 找出不同类的一项：

A. 铁锅　　　　B. 小勺　　　　C. 米饭　　　　D. 碟子

14. 9 7 8 6 7 5(　　)，请写出"(　　)"处的数字。

15. 找出不同类的一项：

A. 写字台　　　B. 沙发　　　　C. 电视　　　　D. 桌布

16. 961 (25) 432 932 (　　) 731，请写出(　　)内的数字。

17. 选项中，哪一个应该填在"XOOOOXXOOOXXX"后面：

A. XOO　　　　B. OO　　　　C. OOX　　　　D. OXX

18. 望子成龙的家长往往(　　)苗助长：

A. 揠　　　　　B. 堰　　　　　C. 偃

19. 按例子填上空缺的词，例如：金黄的头发(黄山)刀山火海；赞美人生(　　)卫国战争。

20. 选出不同类的一项：

A. 地板　　　　B. 壁橱　　　　C. 窗户　　　　D. 窗帘

21. 1 8 27(　　)，请写出"(　　)"内的数字。

22. 按例子填上空缺的词,例如:罄竹难书(书法)无法无天;作奸犯科(　　　)教学相长。

23. 在括号内填上一个字,使其与括号前的字组成一个词,同时又与括号后的字也能组成一个词:款(　　　)样。

24. 填入空缺数字:16 (96) 12 10 (　　　) 7.5。

25. 找出不同类的一项:

A. 斑马　　　　　　　B. 军马　　　　　　　C. 赛马　　　　　　　D. 骏马　　　　　　　E. 驸马

26. 在括号内填上一个字,使其与括号前的字组成一个词,同时又与括号后的字也能组成一个词:祭(　　　)定。

27. 在括号内填上一个字,使之既有前一个词的意思,又可以与后一个词组成词组:头部(　　　)震荡。

28. 填入空缺数字:65 37 17(　　　)。

29. 填入空缺数字:41 (28) 27 83(　　　)65。

30. 填上空缺的字母:CFI DHL EJ(　　　)。

答案:1. B;2. C;3. E;4. B;5. C;6. 26;7. A;8. B;9. A;10. C;11. 9;12. B;13. C;14. 6;15. D;16. 38;17. B;18. A;19. 美国;20. D;21. 58;22. 科学;23. 式;24. 60;25. E;26. 奠;27. 脑;28. 5;29. 36;30. O

计算方法:每题答对得5分,答错不得分。共30题,总分150分。

结果分析:按照国际标准,人们对智力水平高低通常进行下列分类:智商在140分以上者称为天才;120—140之间为最优秀;100—120之间为优秀;90—100之间为常才;80—90之间为次正常;70—80为临界正常;60—70为轻度智力落后;50—60为愚鲁;20—25为痴鲁;20以下为白痴。

小结:那么,我们可以更聪明吗?答案是肯定的!众所周知,高智力者主要来自后天的培养,先天的遗传成分极少。爱迪生说:"天才,乃是百分之一的聪明,加上百分之九十九的汗水。"可见,所谓"突出的聪明智慧"是来自后天的培养。通过后天环境和有意的训练是能提高的,这需要新的有效挖掘大脑宝藏的方法。我们不妨来试一试吧!

【训练场】

请记一记泰国首都曼谷的全称(中文发音),并记录下所用时间:_____分。

共台甫马哈那坤奔他娃劳狄希阿由它亚马哈底陆浦改劝那塔尼布黎隆乌冬帕拉查尼卫马哈洒坦

【迷津点拨】

曼谷全称总共41个字,对于这种材料记忆只能是机械记忆,记忆起来非常困难。但是,如果我们使用一些有效方法,比如联想记忆加重复记忆,我们就能轻而易举地记住这一段文字。大家不妨在学完这本书中各种提高智力的方法后,再来试一试,看一看记忆时间缩短没有。

资料：

爱因斯坦大脑的传奇故事[1]

最杰出的物理学家、"相对论之父"爱因斯坦死后，大脑被人取出，之后下落不明。爱因斯坦大脑的下落，以及这颗堪称历史上最聪明的大脑到底有何过人之处，成为20世纪最传奇的谜团之一。

最近，当初被指控窃取爱因斯坦大脑的美国病理学家托马斯·哈维首次接受美国《国家地理频道》专访，彻底曝光整个事件的绝对内幕。最令人震惊的是，如今91岁高龄的哈维称，为了方便研究，他竟将爱因斯坦大脑切成了240块！

1955年4月18日凌晨1点15分，爱因斯坦在美国新泽西州普林斯顿大学医院撒手人寰，享年76岁。当时托马斯·哈维是普林斯顿大学病理科主任，虽然和爱因斯坦仅有一面之缘，却碰巧成了替他验尸的医生。哈维切开爱因斯坦的尸身逐一检查器官、称重量并描述器官外观，因为全世界的人们都想尽快了解这位伟大科学家的死因。最终哈维宣布，爱因斯坦死于"大动脉肿瘤破裂"，爱因斯坦的好友兼遗嘱执行人内森也在场作证。此外，哈维还做了一件不为人知的事，他私下征得爱因斯坦长子汉斯的同意，悄悄将爱因斯坦的脑子取出，以留给科学界做研究。汉斯与内森的条件是：研究结果必须发表在科学期刊上。

在切下爱因斯坦的大脑之后，哈维简单地测量了这个脑子后，除了拍照存真，还请了一位画家为它做素描。然后，他将整个脑子切成240块，每一块的位置都有详细记录并贴上卷标。最后，他找上宾州大学一位他信任的实验室技师，进一步处理那些脑块，并选择代表脑子各个部位的脑块，制作一组切片，固定在供显微镜观察的玻璃片上。于是，爱因斯坦的大脑分别装进了10个储存组织学切片的盒子里，以及两个大玻璃瓶中。随后，他将一部分切片分送给那些对研究爱因斯坦的大脑感兴趣、并有责任心和研究能力的人，其余大部分都秘密保存起来。

爱因斯坦的大脑研究曾一度激起人们的浓厚兴趣。但是，早先的很多研究显示，这位物理学大师的大脑与常人无异。在爱因斯坦大脑被取出来的三个月后，哈维将其送到宾夕法尼亚大学脑解剖专家凯拉女士的实验室里进行研究。经过详细检查发现，爱因斯坦的大脑，从表面皮层的面积、结构和脑的重量来看，和普通人没什么两样。他的脑重也只有1230克，略低于男人的平均值，并不出众。有一些才能高度发展的人（亦即天才人物）的脑重的确远远超过了这个数字，如俄国著名作家屠格涅夫就比较符合人们对天才的期望，脑重为2012克，远超出人类平均值。

当时，医学专家齐默曼得到了一盒，因为哈维在耶鲁医学院上过他的课。齐默曼发现爱因斯坦的大脑非常正常，要说有什么异常之处，就是他的大脑比同年龄的人更为健康，退化的迹象较少。

还有专家通过对爱因斯坦书信和手稿的研究发现，爱因斯坦曾经和女友生下一名弱智儿，便据此推断爱因斯坦的基因并不一定优于常人，也许还存在某种缺陷。研究发现，爱因斯坦在读大学时曾与一名塞尔维亚裔女同学马里奇坠入情网，后来发展到同居。不久，他们迎来了爱情的结晶，马里奇产下一个女孩，取名叫利泽尔。孩子生下来不久医生就告诉爱因斯坦和马里奇，他们的孩子可能有严重问题，如果不是严重弱智，就是先天愚型。果然根据医生的提醒，爱因斯坦和马里奇观察到了孩子的严重智力问题。例如，孩子都6个月了，还不会笑，连微笑都不会。而正常孩子是两个

---

[1]　摘自http://tieba.baidu.com

月就会微笑,四个月就会大笑。还有孩子哭声小,受刺激后也不会马上就哭,对周围的人和事物不感兴趣。

更重要的是利泽尔出现了先天愚型孩子特有的面部特征,两眼之间距离过大,两眼外侧上斜,口半张,不断流口水,鼻梁低等。对于这一为人父母都不愿意看见的情况,爱因斯坦和马里奇当然心情沉痛。尽管当时爱因斯坦还未成名,但爱因斯坦和马里奇两人都是大学生,按流行的说法,他们也算是高智商的人,如果让人知道他们这样高智商的人还生下痴呆儿,也是一件很难堪的事。后来,两人将这名痴呆儿孩子交给马里奇在塞尔维亚老家的父母照顾,爱因斯坦的这段经历也就鲜为人知了。

20世纪80年代,哈维重新开始对爱因斯坦大脑进行研究。他把许多切片分送给美国、加拿大、德国等国的科学家。1985年,美国加州大学柏克莱分校的神经科学家戴蒙教授领导的研究小组检验了4块爱因斯坦大脑的皮质。他们发现,爱因斯坦大脑的左顶叶、神经元与神经胶细胞的比例小于常人。神经胶细胞是神经元的支援细胞。根据过去的研究,哺乳类神经元与神经胶细胞比例,从小鼠到人有逐步降低的趋势,有些学者因而推测,神经元执行的功能越复杂,越需要神经胶细胞的支持。也就是说,在哺乳类中,神经元与神经胶细胞比例可当作反映智力的量表。戴蒙教授据此得出结论,认为爱因斯坦的革命性成就,与其发达的神经胶细胞有关。

1996年,美国阿拉巴马大学柏名顿分校神经学助理教授安德森发现,爱因斯坦的右前额叶皮质(运动区)比对照组薄,可是皮质中的神经元数量与对照组无异。换言之,爱因斯坦的大脑皮质中,神经元密度较高。安德森推论,这表示爱因斯坦大脑皮质神经元有较佳的传讯效率,因而可以解释爱因斯坦的超卓天才。

最幸运的研究者是加拿大汉米尔顿麦克马斯特大学的维特森博士。哈维不仅借给她19块爱因斯坦的大脑进行研究,同时还将切开大脑之前拍摄的原始照片与记录一并交给她。维特森教授在研究中发现,爱因斯坦的大脑在两方面与常人显著不同,果然是"聪明得有道理"。1999年,维特森在著名国际学术期刊《柳叶刀》发表了她的研究报告。

首先是爱因斯坦大脑左右半球的顶下叶区域异常发达,比普通人的平均厚度多出一厘米,这造成爱因斯坦大脑宽度超过普通人15%左右。报告指出,位于大脑后上部的顶下叶区在视觉空间认知、数学思维和运动想象力方面发挥着重要作用,该区域的异常发达在一定程度上可解释为什么爱因斯坦会形成自己独特的思维方式。爱因斯坦本人就曾描述说,他的科学思维过程具有较强视觉性,而语言在其中所起的作用似乎不大。

爱因斯坦大脑的另一显著特征是其缺少常人大脑中的一种皱沟。该皱沟通常位于大脑皮层相邻的脑回之间,一般横贯顶下叶区。研究人员推测说,缺少这一皱沟很可能会导致位于顶下叶区的神经元彼此间更容易建立起联系,因而使思维更为活跃。维特森说,根据对目前她拥有的大脑标本的分析,爱因斯坦大脑的这些特点是唯一的。

【思考】

1. 智商高的人就一定会有出息吗?
2. 聪明反被聪明误是何道理?

第二节　走进神奇的脑世界

人们口中常说的"大脑"，就是心理学里所说的"脑"，它主要包括大脑、小脑、间脑、脑干。让我们一起来看看它们的工作任务分别是什么，看看它们是如何为"我"服务的吧。对于脑的了解越多，我们就越能掌握开发脑潜能的方法。

【广角镜】

这是一幅关于人的左右脑分工图，准确地说是大脑的左右分工图，可能大家早已见过类似的图片。从图面上可以清楚地了解左右脑各自的功能主要是什么。

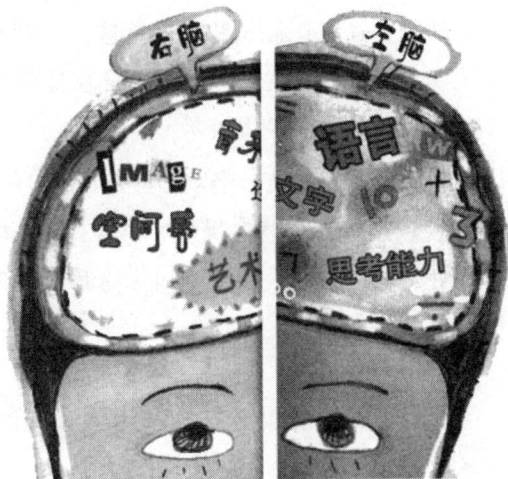

【七嘴八舌】

人和动物不同，关键是大脑有很大的区别，请说说有什么区别？

小结：人和动物的根本区别在于人能创造，而这区别的根源在于生理结构的区别——脑结构的区别。

让我们一起来看看人脑的世界吧！下面是关于你的"脑的生理结构、各个部门的功能和工作方式"的介绍。

【自我探秘】

脑的生理结构、功能和工作方式[①]

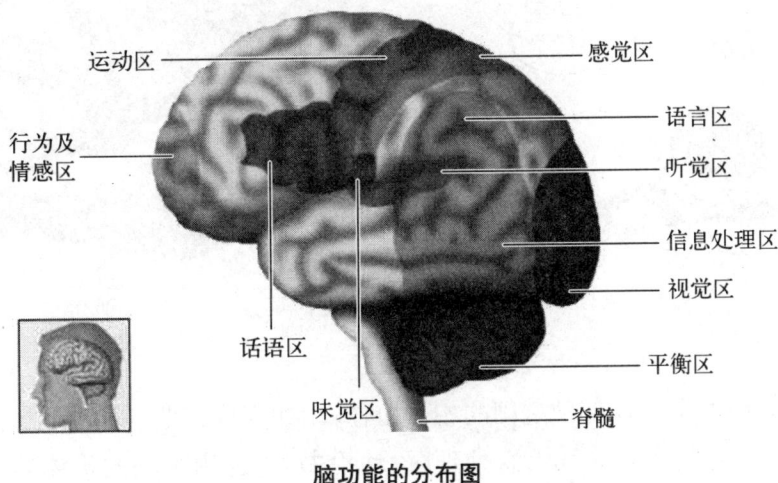

脑功能的分布图

---

① 彭聃龄.普通心理学.北京师范大学出版社,2004.

我们的"脑"主要包括大脑、小脑、间脑和脑干。

大脑：分为左右两个半球，它们主管的功能有区别。右脑的功能是感性直观思维，这种思维不需要语言的参加，比如掌管"音乐"、"美术"、"立体感觉"等。左脑的功能是抽象概括思维，这种思维必须借助于语言和其他符号系统，主管"说话"、"写字"、"计算"、"分析"等。例如，成人严重中风如病变发生在左脑，往往会造成失语症，出现部分或完全丧失语言能力，但他却有意识，能够理解别人说的话，但往往不能用语言来表达自己的思想。

小脑：协助大脑维持身体的平衡与协调动作。

间脑：间脑包括丘脑和下丘脑。丘脑处理感官输入的信息，让我们产生视听触味等感觉，对控制睡眠和觉醒也有重要意义；下丘脑维持体内平衡，控制内分泌腺的活动，比如体温升降、汗腺分泌、血管舒张收缩、情绪变化。

脑干：脑干包括延脑、桥脑和中脑。延脑支配呼吸、排泄、吞咽、肠胃等活动，又叫生命中枢；桥脑对人的睡眠具有调节和控制作用；中脑支配眼球、面部肌肉、调节身体姿势和随意运动。

脑的工作方式：各个部门接收信息→传入信息→分析部门处理信息→传出指令→相应部门执行指令①。

了解了脑的生理结构和功能，大家在做事时，知道是哪个脑部门在为你服务了吗？让我们来试一试吧！

【训练场】

这里有六个任务要交给同学们去完成，包括"放风筝、踢足球、开汽车、锤钉子、玩玩具和写作业"。在完成这些任务的过程中，脑相对应的部门在帮助你们完成它们，请你分别指出是脑的哪个部门在为你工作。

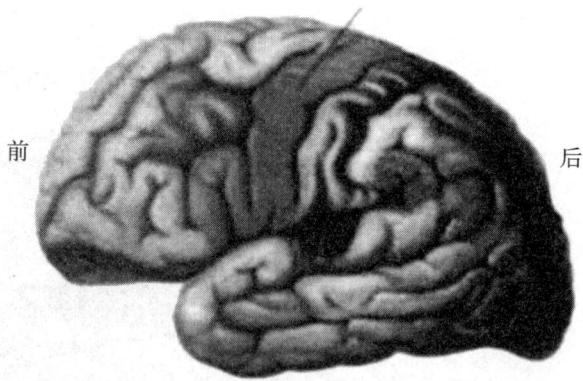

前　　　　　后

【迷津点拨】

在完成一个任务时，需要脑部门之间的相互协作，比如完成作业，需要眼睛，运用了脑的视觉区；处理文字，运用了脑的语言区和信息处理区；动手书写，运用了脑的机体运动区和语言书写

---

① 麦少美.学前卫生学.复旦大学出版社,2006.

区……可见,了解脑的特点,有助于让我们完善和提高脑的功能。

资料：　　　　　**关于大脑秘密的 20 个已知事实**[①]

尽管科学家一个接一个的科研成果让我们对记忆有了越来越多的了解,但直到今天,科学家所发现的所谓大脑的秘密也只是冰山一角,在很大程度上,大脑仍是神秘的。但让人不解的是,究竟是什么东西引发大脑开始这个重建过程？这个谜团继续等待科学家们去寻找答案,但有 20 个事实是已经被科学家证实了的。

1. 大脑喜欢色彩。

2. 大脑集中精力最多只有 25 分钟。

3. 大脑需要休息,才能学得快、记得牢。

4. 大脑像发动机,需要燃料,饮食结构影响智商。

5. 大脑是一个电气化学活动的海洋,如果脱水就无法集中精力,必须保持身体必需水分。

6. 大脑喜欢问题,而不是答案。

7. 大脑和身体有各自的节奏周期,在它最活跃的时候学习,就能节省时间,取得很好的学习效果。

8. 大脑和身体经常交流,如果身体懒散,大脑就会认为你正在做的事情一点都不重要,大脑也就不会重视你所做的事情。

9. 气味影响大脑。

10. 大脑需要氧气。

11. 大脑需要空间。

12. 大脑喜欢整洁的空间。

13. 压力影响记忆。

14. 大脑并不知道你不能做哪些事情,所以需要你告诉它。

15. 大脑如同肌肉,都是可以训练和加强的,否则会老化。

16. 大脑需要重复。

17. 大脑的理解速度比你的阅读速度快。

18. 大脑需要运动,站着学习效率更高。

19. 大脑会归类,也会联系。

20. 大脑喜欢开玩笑。

【思考】

1. 你知道哪些方法去开发右脑吗？例如用左手打乒乓球、左手用筷子……

2. 要使自己大脑更强大,你打算坚持训练什么动作？

3. 你能说出三种不良的用脑习惯吗？

---

① 摘自http://cn.qikan.com

第二章

开启智慧之门

——注意力训练

> 注意是我们心灵的唯一窗户,意识中的一切,必然都要经过它才能进来。
>
> ——乌申斯基

第一节　天才就是不断的注意

法国生物学家乔治·库维说过:"天才就是不断的注意。"我们之所以能够认识周围的环境,主要是因为我们能够通过身上的各种感觉器官来收集外界的各种信息,然后将它们汇集起来,形成完整的认识。这些感觉器官之所以能够收集外界各种信息,就在于我们拥有注意力,注意力帮助我们维持观察分析的指向性,从而完成认知活动。

因此,每个人的心理活动都是和注意力联系在一起的。要欣赏美丽的彩虹,首先要注意到它;要聆听悦耳动听的音乐,首先也要注意到它;准备记住重要的学习资料,首先还是要注意到它。我们有目的地观察任何事物,有意识地思考一个问题时,都有注意的主导作用。如果没有注意,观察和思维等认知活动就无从谈起了①。

牛顿发现万有引力定律、英国微生物学家弗莱明发现青霉素等科学家的真实故事,看似偶然,实际上是他们细心观察、不断注意的结果。他们的行动证明了天才就是不断注意。其实,不只是伟人才需要注意,我们每个人在学习和生活中,任何时候都离不开注意力,只有在注意力的引导下,才能有效地完成各种任务,要是没有注意力的参与,即使在走路的时候,也有可能被绊倒。

注意力是人对一定事物指向和集中的能力,它在各种认识活动中起着主导作用。而那些天才人物,之所以能取得非凡的成就,就在于能够集中注意力去全力以赴地做一件事。

【思考】

1. 在学习生活中,你有注意力不集中的时候吗? 主要有哪些表现?

2. 你认为哪些不良习惯会导致我们注意力不集中?

3. 电脑游戏很诱人,但它对我们注意力集中、视力下降和心理有哪些影响?

---

① 崔华芳,李云.培养孩子注意力的50种方法.北京工业大学出版社,2007.

第二节 全神贯注

——注意稳定性训练

> 天才——首先是不知疲劳的、目标明确的劳动,是在一定事物上集中注意的能力。
>
> ——切列巴霍夫

【广角镜】

"健忘"的牛顿①

牛顿是个伟大的科学家。他非常注意观察、善于思考。

牛顿一生中的绝大部分时间是在实验室度过的。每次做实验时,牛顿总是通宵达旦,注意力非常集中,有时一连几个星期都在实验室工作,不分白天和黑夜,直到把实验做完为止。

有一天,他请一个朋友吃饭。朋友来了,牛顿还在实验室里工作。朋友等了很长时间,肚子很饿,还不见牛顿从实验室里出来,于是就自己到餐厅里把煮好的鸡吃了。

过了一会儿,牛顿出来了,他看到碗里有很多鸡骨头,不觉惊奇地说:"原来我已经吃过饭了。"于是,牛顿又回到了实验室工作。

哈哈,太好玩了,牛顿居然忘了自己有没有吃过饭!

【七嘴八舌】

1. 为什么牛顿忘记了自己有没有吃过饭?

2. 你在学习生活中亲身经历或见过类似的事情吗? 谈谈你的看法。

【自我探秘】

你对自己注意力状况满意吗? 想了解自身的注意力水平吗? 那试一试吧!

小 测 试②

1. 上课时你能集中注意力吗?

A. 多数时间能   B. 一半时间不能   C. 少数时间能

2. 你翻开作业本,才想起刚刚老师布置作业时没有注意听,不知道要做哪些题目吗?

A. 几乎没有   B. 偶尔   C. 经常有

---

① 崔华芳,李云. 培养孩子注意力的 50 种方法. 北京工业大学出版社,2007.
② 摘自http:// hawcncom 62653. 1034. vh. cnolnic. com/ list. asp? id=42,有改动。

3. 你一边考试一边想着与考试无关的事吗?

  A. 很少有   B. 有时这样   C. 经常这样

4. 当你想问题时,别人叫你,你常常没听清吗?

  A. 不   B. 说不清   C. 是

5. 在家里做作业时,你会不由自主地去听父母之间的交谈吗?

  A. 很少这样   B. 有时这样   C. 经常这样

6. 你是否心不在焉,别人给你讲一件事,而你根本没有听见?

  A. 很少这样   B. 有时这样   C. 经常这样

7. 你晚上做家庭作业时,会因各种事情中断吗?

  A. 很少这样   B. 有时这样   C. 经常这样

8. 有人说你做事只有三分热度吗?

  A. 不   B. 不知道   C. 是

9. 看了一场激动人心的体育比赛后,你是否会长时间无法静下心来做作业?

  A. 不   B. 有时   C. 是

10. 当要交作业时,你才想起来还有一些作业没有做吗?

  A. 很少如此   B. 有时如此   C. 经常如此

11. 在自己的房间里你一边做作业,一边翻翻杂志、吃吃东西、哼哼歌曲或想一些与作业无关的事吗?

  A. 很少如此   B. 有时如此   C. 经常如此

12. 如果你在课间与一个同学发生了争执,在接着开始的整节课里你都会想着此事吗?

  A. 不   B. 说不清   C. 是

13. 当你躺在床上睡觉时,是否还要想些不可能想清的问题,以致久久不能入睡?

  A. 很少如此   B. 有时如此   C. 经常如此

14. 上课前你刚刚知道你的测验成绩不理想,这是否会影响你集中注意力听新课?

  A. 基本不影响   B. 影响半节课   C. 影响整节课

15. 当你力图弄清某个问题时,你能很长一段时间里收集有关的证据吗?

  A. 通常   B. 有时   C. 很少

评分标准: A 记 2 分;B 记 1 分;C 记 0 分。

       0—10 分:你的注意力不佳。

       11—20 分:你的注意力一般。

       21—30 分:你的注意力发展状况良好。

你还在为测验的结果苦恼或沾沾自喜吗?来试试身手吧!

【训练场】

一、益智静坐训练

1. 静坐的姿势

静坐的姿势是坐在椅子的 1/3 处,上身要端正,不要靠在椅背上。然后,身体自然放松。做到轻松舒适,头放正,下颌内收,舌抵上腭,两眼平视,然后轻轻闭上眼睛,沉肩垂肘,收腹,两腿自然分

开,两脚着地,两手轻轻放在大腿上。呼吸自然均匀。

2. 益智静坐训练步骤

(1) 先让学生完成静坐姿势,要求学生在训练时一定要配合老师,思想要集中,头脑里不能想其他事。

(2) 调整学生的呼吸,放音乐,老师运用轻柔、缓慢的诱导语对学生进行训练,尽量让学生初步进入意境。

诱导语：让我们进入一个美好而又清静的境界。

我坐得非常舒服、轻松自然。

没有任何的压力,我觉得自己可以飘起来了。

浑身都放松了,头放松了,每一块肌肉都放松了。

头颈也放松了,我感觉不到任何的重量。

再放松双肩,还有双臂,没有一点力气,都放松了。

接下来放松胸。

然后是腹,不要紧张,放松每一块肌肉。

好了,接下来是腿部,放松、放松……好像不存在了。

最后是脚,它很累,需要休息,放松它,感觉不到它的存在了。

放松、放松,自上而下都放松了,我仿佛置身于云端。

呼气、吸气,呼气、吸气,……

我是多么的轻松愉快,醒脑宁神。

我头脑清晰,心情舒畅。

我思维敏锐,记忆力极好。

我的学习一定能取得好成绩。

放松、静,放松、静,放松、静,……

(3) 结束,慢慢睁开双眼。

感觉怎么样? 是否有"宁静致远"的感觉?

二、视觉机能训练

1. 图 A

目的：训练视点停止时的快速摄入;培养注意力。

要领：两手持图。距眼睛 40 cm 左右,两眼注视黑点,使其清晰地呈现在眼前并印在脑海,保持轻松呼吸;尽量不要眨眼,维持 1 分钟。

注意：在注视时如果注意力稍微放松,黑点会出现叠影,黑点周围会出现白光。当注意力恢复,黑点也会随之恢复,所以也是练习注意力的。

2. 图 B、C、D

目的：训练眼的追视能力,培养注意力。

要领：两手持图。距眼睛 40 cm 左右,让自己的脸部对准图的中心,保持较宽的视野面对中心能看到所有的点;然后视点从第一个黑点跳向下一个点,再下一个点跳到最后一个点,再从后往前跳,如此循环,在规定的时间内反复进行的次数越多、越快越好(眼球运动要均匀、流畅,速度要稳定)。

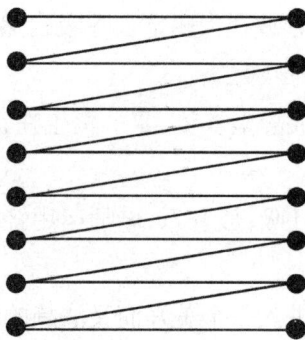

图 A

图 B

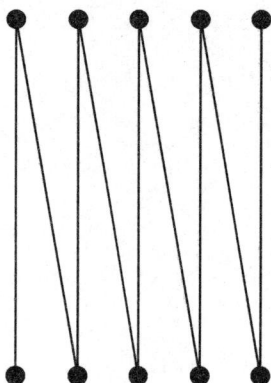

图 C

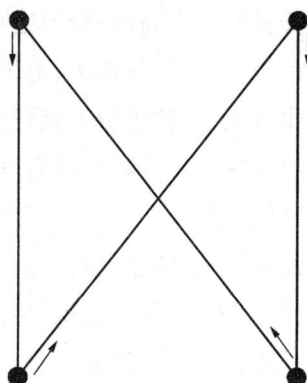

图 D

三、追踪游戏

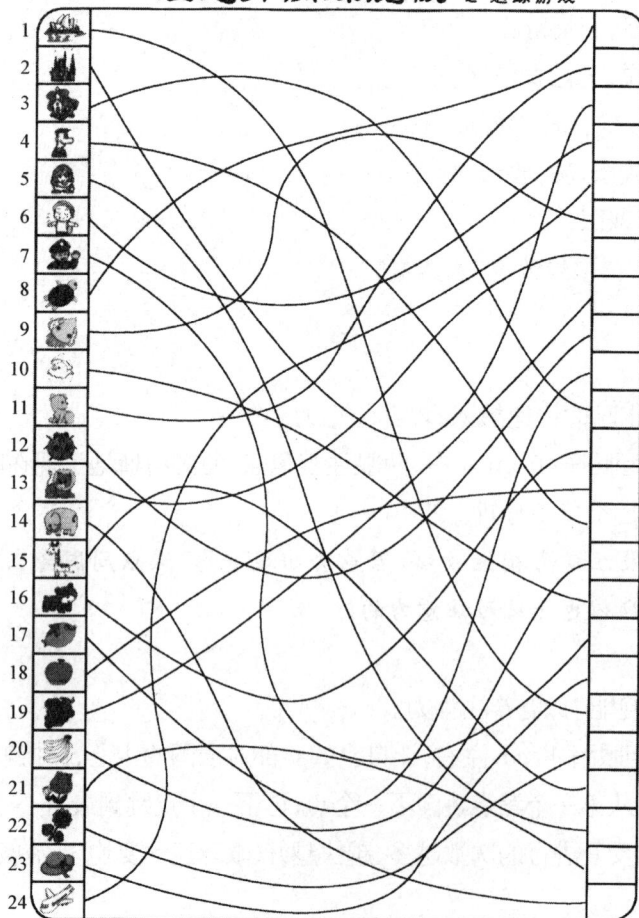

四、1分钟迷宫游戏

五、猜猜看

1. 连图

A

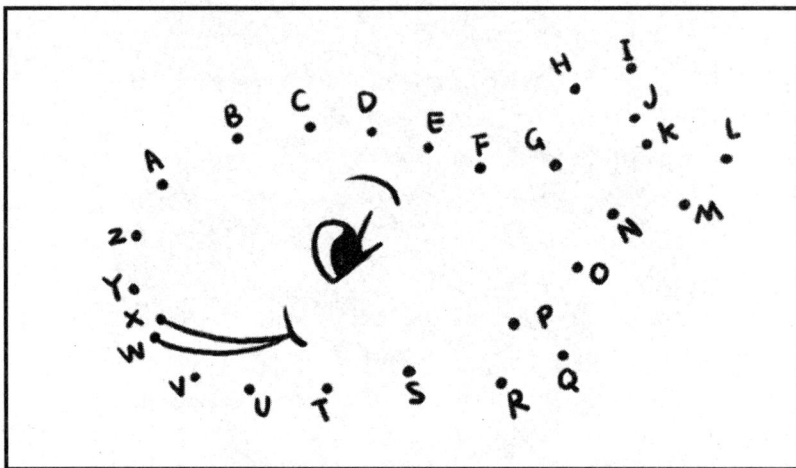

猜猜我是谁

按照英文字母的顺序把点连成线,就知道我是谁了,还可以涂上漂亮的颜色喔

姓名 _____

年龄 _____

2. 蒙眼猜人游戏

规则:一名学生蒙上眼睛,站在原地,其他学生悄悄从他身边经过。蒙上眼睛的同学猜猜有没有人经过,有几个人?

六、文字动作游戏

1. 听故事,做动作——《爱干净的小猪》。

规则:听到"干净"这个词的时候,要做洗脸的动作,而在听到"镜子"这个词的时候,站着的人要立刻坐下,而坐着的人要立刻站起来。

小猪的脸总是很不干净,小猪过生日的那天,小兔送给它一面镜子,要小猪每天出门前照一照镜子。"这样你就能知道脸上哪儿不干净,就可以把脏的东西擦掉"。第二天,为了不让镜子照出脏来,小猪把脸洗得很干净。当它正要照镜子的时候,飞进来一只苍蝇,扔炸弹一样,把一点大便掉到镜子上,这样,镜子里的小猪就成了一只不干净的小猪。小猪赶紧拿毛巾来擦脸,擦一次脸照一次镜子。怎么老是擦不干净呢?

小兔跑进来叫小猪去玩。小猪说:"等一等,我不把脸擦干净是不能出门的。"小兔就在门外静静地等,可是等了好久也不见小猪出来。小兔进去一看,这才弄明白究竟是怎么回事儿。"小猪呀,你搞错了。"小兔把镜子上的苍蝇屎给小猪看:"脏的是镜子,你的脸已经很干净了。"从这以后,每当小猪照镜子,看到镜子里的小猪脸上脏了,他就想:"这是镜子脏了,我的脸还是很干净的。"所以,尽管小猪天天照镜子,它还是一只不爱干净的小猪。

2. 依次念下列事物名称,听到是学习用品的就拍手。

茶杯　　铅笔　　电灯　　橡皮　　电视　　卷笔刀　　风扇　　冰箱　　尺子　　脸盆

字典　　毛巾　　盘子　　钢笔　　作业本　　手机　　电话　　汽车　　老虎　　三角板

3. 当你听到植物名称拍一下手,听到动物名称拍两下手。

小猫　　白菜　　黄瓜　　苹果　　公鸡　　长颈鹿　　西红柿　　黄鱼　　松树　　蜻蜓

16

向日葵　大象　　梧桐树　东北虎　白杨树　美洲豹　　鲸鱼　　牡丹　　石榴

4．听钟训练。

请你找一个闹钟，听它的滴答声，并伴随着闹钟的声音，在心中默念"滴答、滴答、滴答……"第1天念10个，第2天念15个，第3天念20个，第4天念20个以上，每天做8次，这样做5—6天就行了。

【迷津点拨】

集中注意力方法之一

注意力是心灵的门户，而且是唯一的门户，门开的大小，直接关系到我们学到的东西的多少。我们一旦注意力涣散或无法集中，心灵的门户就关闭了，所有有用的知识信息都不能进入。所以，当你因注意力无法集中而影响学习，倍感苦恼时，不妨采用以下方法来矫正：

（1）建立良好的作息制度。面对沉重的学习负担，养成良好的作息习惯，早睡早起，养足精神，防止注意力分散，提高白天的学习效率具有举足轻重的作用。

（2）学会自我减压。虽然说有压力才有动力，但过重的压力也会导致精神恍惚，注意力涣散，所以通过各种文娱活动、心理暗示都能起到良好的减压效果，同时也有助于注意力的集中。

（3）做些放松训练。舒适地坐在椅子上或躺在床上，然后向身体的各部位传递休息的信息。先从左右脚开始，使脚部肌肉绷紧，然后松弛，同时暗示它休息，随后命令脚脖子、小腿、膝盖、大腿，一直到躯干休息，之后，再从脚到躯干。然后从左右手放松到躯干。这时，再从躯干开始到颈部、头部、脸部全部放松。这种放松训练的技术，需要反复练习才能较好地掌握，而一旦你掌握了这种技术，会使你在短短的几分钟内，达到轻松、平静的状态。

（4）做些集中注意力的训练。例如可以采用快速做习题的方法，严格训练自己集中注意力。

【思考】

你比较喜欢哪种集中注意力的方法？并谈谈你的理由。

第三节　眼观六路　耳听八方

——注意广度训练

> 要使自己成为一个注意力很强的人,最好的方法是,无论干什么事,都不能漫不经心。
>
> ——普拉托诺夫

【广角镜】

一天,爱因斯坦带着女儿克拉克·爱因斯坦出门。在公共汽车上,由于拥挤,爱因斯坦一不小心碰掉了自己的眼镜。这下可好,高度近视的爱因斯坦什么都看不见了,于是他弯下腰在地上摸索着找。他想让女儿帮忙,身旁一位小姑娘把眼镜递到了他手中。

"谢谢你,小姑娘,你真可爱。能告诉我你叫什么名字吗?"

爱因斯坦一边戴眼镜一边和蔼地问道。

"爸爸,我是克拉克·爱因斯坦。"

小姑娘不禁笑出声来。

"啊?"爱因斯坦再次不好意思地叫出声来①。

【七嘴八舌】

1. 爱因斯坦为什么会感谢自己的女儿?

2. 你在生活中有过亲身或类似的经历吗? 与大家分享分享。

【自我探秘】

自制舒特尔表测验法②

自己制作"舒特尔表"。很简单,制作一张有 25 个小方格的表,将数字 1—25 的顺序打乱,填写在表格里。然后迅速从 1 数到 25,要求边读边指出,同时计时。

5	10	1	4	8
14	24	12	3	20
9	16	6	11	2

---

① 崔华芳,李云. 培养孩子注意力的 50 种方法. 北京工业大学出版社,2007.
② 路中秋. 注意力家庭测量法. 劳动午报,2005,有改动。

22	18	17	21	15
7	23	19	13	25

所用时间越短,说明注意商(CQ)越高,12—14岁年龄组,能达到16秒以上为优秀,学习成绩应是名列前茅;26秒属于中等水平,成绩排名在中游或偏下;36秒则问题较大,考试会出现不及格现象。

【训练场】

一、请把5后面的第二个数字全部画圈。

3 5 9 1 5 6 9 3 6 9 8 2 4 5 2 3 6 5 0 2 3 6 6 5 2 5 3 6 2 2 6 0 2 3 6
2 9 5 4 1 3 3 5 8 7 7 8 9 6 4 3 1 2 5 5 7 9 6 8 3 1 2 5 4 9 7 5 5 1 2
4 5 6 8 7 9 8 5 4 2 5 4 8 4 5 8 5 5 6 7 8 4 5 7 8 4 5 7 8 4 5 8 5 4 7
5 5 1 2 2 3 4 2 4 2 2 1 2 4 9 5 6 3 2 7 5 6 2 1 4 8 9 6 3 2 5 8 9 6 3
7 5 8 5 8 2 8 9 0 7 0 9 1 7 0 9 6 0 8 7 4 7 5 6 5 1 5 6 2 9 5 6 1 5 4
7 8 7 9 4 3 4 6 3 2 1 6 1 6 4 6 2 0 7 4 1 8 5 2 9 6 3 5 9 6 2 4 6 8 9
1 3 2 1 5 2 1 6 5 2 1 3 2 2 1 3 2 4 8 6 8 9 7 4 5 6 3 5 4 1 2 0 5 2 0
0 2 4 8 9 5 3 7 5 6 8 4 5 0 2 1 8 9 7 4 5 1 2 3 0 3 4 6 5 8 7 7 8 9 6
3 8 7 8 0 7 8 7 1 7 2 9 8 7 5 7 8 7 4 1 9 9 8 6 7 6 3 5 4 3 0 2 1 5 1
2 5 8 9 6 5 4 1 2 3 0 1 8 9 4 5 3 1 2 6 9 8 7 0 2 5 8 9 3 0 5 4 5 1 0
1 2 5 4 2 0 2 4 8 5 2 1 3 5 6 7 7 9 2 0 1 0 2 1 5 4 8 1 0 5 4 2 3 6 3
0 4 8 6 5 7 1 7 3 2 7 9 8 7 0 9 0 7 0 8 1 7 2 8 9 0 4 2 1 7 8 9 0 1 3
5 4 6 8 7 9 8 8 7 8 9 2 7 0 2 3 4 5 9 8 7 2 7 6 0 2 4 8 5 9 7 2 7
5 9 6 7 6 0 9 8 8 7 6 3 5 4 3 2 5 1 7 2 4 3 2 7 0 9 8 7 6 5 4 3 6 7 8
7 4 1 8 4 9 0 5 7 6 9 5 8 4 9 2 8 4 6 4 9 2 2 1 2 4 8 7 4 9 2 1 4 1 5
4 8 8 4 5 7 2 9 5 7 5 2 6 4 8 9 8 4 0 5 9 6 9 6 2 8 5 9 9 2 5 8 5 5
9 4 5 6 4 1 2 3 4 6 6 4 7 5 9 6 9 6 9 5 2 4 4 5 2 5 9 6 3 0 0 2 7

二、找出下面字母行的字母"w",并用圆圈把字母"w"圈出来。

r t y w t y h t u e x w I y g s x I u w o r e u d h l o w u e x c v t r s
y w t u e c s x h w d t u e w m u e c t e h t w c h n x y u e t c v u n
t w q s e h c x I t p b q w y e t x c I j k e r t h w c r e e u g w r y m

三、从下面的数字行中把所有的7117圈出来。

7171 1717 7117 1771 7711 1177 1717 1771 7171
1771 1771 7171 7117 1717 7711 1771 7171 1717
7117 7171 1717 1771 1717 7117 7171 1177 1717
7171 1717 1177 1717 7711 7117 1771 7171 1717
1771 1717 1177 1717 7171 1717 7171 7711 1177

四、用铅笔以最快的速度把表中的"7"圈出来。用黑色笔以最快的速度把"2"左边第三个数字圈出来。用蓝色笔以最快的速度把"5"右边第二个位置中的偶数圈出来。

6 5 9 8 7 2 3 1 5 4 7 8 9 3 2 8 7 1 3 2 6 2 3 8 9 4 0 2 3 6 4 7 8 9 6 5 2 3 4 8 3 5 7 9 5 2 1 2 1
5 4 8 9 7 5 7 5 6 2 1 5 6 7 8 8 7 5 7 7 5 2 2 1 6 5 1 3 2 1 1 6 4 1 2 5 7 7 4 5 6 8 2 4 8 5 4 5 6 9 8 7
7 5 4 5 4 7 8 4 6 9 9 1 6 3 3 0 1 5 6 7 0 9 8 0 4 6 1 7 6 7 8 9 2 1 4 0 1 1 5 8 6 9 7 4 5 6 1 5 7 8 4
6 7 5 8 7 1 2 0 3 4 7 8 4 6 5 7

五、找出每组中与其他不一样的数字或字母,用圆圈把最少的那类圈起来并记录下来。

PPPPPBPPBPPBPPPPBPPPPBPPPPBPPPPPBPPPPBPPPPPBPPPPBPPPPPBPPP　　　共(　　)个

555565555655655555655565565655555655556555565555655655555655655　　　共(　　)个

33383333833338333388333338333338333338333383333833383333833833　　　共(　　)个

44447444447444474444744447444474444744447444474444744447444　　　共(　　)个

99998999899989998999899998999998999989998999899989999　　　共(　　)个

六、把字母行中的 u 和 v 找出来,并画线。

H e r t d u I e I o p n e m u c n j v s u I e s h y e u n x a l I w

J I k l e h u n s h a n v y e h j x o I u e n v j s u k I e n y t a b v m n b

e H I e j g e h u n v e u v b n I m e h y g y y e n u n e s I e v b e y n j x

I w g h e g G h e u n v s I w k j n x h e u b e g v h n j s o n n u b e h n n

z b v h u e j n g a b u a d g h t u

七、在下列的数字中,每行中都是有一些两两相邻、其和相加等于 10 的成对的数字,集中注意力找出这些数字,并在每对的下面画线。

A 7914875639647883123456789876543 7

B 9176543492876543142152162172819 4

C 1284567819234567152163174613512 4

D 3364738291456734912912319826519 0

E 5192877467537098802838203246593 4

F 2056377089574974550553355466550 5

G 6432897673820938245786401825864 0

H 7655474446668883134517831314156 1

I 3823211231235437823923723632437 6

J 9879878762867657019868474328961 9

K 1983782645591088423456834567946 7

L 2468264836911819445556666777773 8

M 8365917273594376776655443322119 9

N 9182736455818732910820745678923 4

O 2734855467237802677567567564576 6

P 6386891876438292876565435432321 5

Q 9754335546822564685746352966453 42

R 4043934736824746364758697287328 3

S 5016198463287462848765907115168 2

T 8365428966403628675469845734289 1

U 4865487698343789647467647647346 8

V 8957386901028573823281171615648 2

W 6428649762801836528367788991122 1

X 4829516383784675286633774488559 9

Y 2462874638961984832845591643792 1

本组数字共有 150 对数,其和相加等于 10 的相邻的数字

八、用 1 分钟查下面的数字表,看"23"共出现多少次。如"03023"中算有一个"23","23523"中算有两个"23",找找下面到底有多少个"23"。

26876 23456 32455 56432 45445 52344 65454

54375 34477 97865 56425 67432 23345 25236

42353 54908 34522 52387 57432 31685 76439

35785 42356 94232 46556 91423 58653 72134

43678 86465 51243 69345 25254 96912 43234

65465 65776 23555 63536 96576 95356 57633

72311 68346 76587 42423 76845 34643 13426

86544 86724 97535 53135 75325 02354 86732

92146 02346 85632 65365 72368 35753 35753

04236 74257 56782 34323 54277 86466 12145

15466 23876 56423 26474 92323 75967 92556

23412 56378 53275 23123 75893 05732 41231

32535 86824 87572 15325 64912 42344 22432

47537 63256 22545 23421 67465 36435 48009

52423 65243 86723 32314 08745 43646 72356

24356 52313 46763 12321 64254 53423 89956

46325 85957 14245 46256 32525 63153 67231

56646 32355 24354 43563 16699 82354 95646

九、数青蛙。

这是一个训练数学思维和注意力的比较难的游戏:一只青蛙一张嘴,两只眼睛四条腿,扑通一声跳下水。两只青蛙两张嘴,四只眼睛八条腿,扑通扑通跳下水。三只青蛙三张嘴,六只眼睛十二条腿,扑通扑通扑通跳下水……

老师先说到这里,让同学们自己总结出规律,再请五位同学上台示范。然后,全班按座位依次接力数,看谁的注意力最集中,谁的数学思维敏锐,反应快,谁坚持到最后也不出错,谁就是胜利者。

十、躲开数字"3"。

从 1 开始数数,凡是和 3 有关的数字以及 3 的倍数,都不能说出来,要用拍手表示。这个游戏难度较大,因为和 3 有关的数字出现的频率高,3、6、9、12、13、15、18、21、23、24……所以一不小心,就会中圈套,所以注意力必须高度集中。

十一、印度猎手训练游戏。

两个或几个人参加比赛,先把某个物体(如动植物、图片、器物等)观察一段时间,然后每个人把他们观察到的告诉裁判,每个人要尽量多地说出这些事物的细节。谁说出的事物细节越多越详细谁就胜利。

【迷津点拨】

集中注意力方法之二
——环境的重要性

(1) 环境要安静,要避免噪声;

(2) 光线要合适,不要把桌子靠近窗前,避免强烈的光照,这样不仅容易伤害眼睛,而且容易引起疲劳;

(3) 物品摆放要整齐,尽量避免不必要的干扰。

【思考】

你认为掌握注意力集中的方法重要还是坚持养成良好习惯重要? 或者都重要? 谈谈你的看法,并说说理由。

第四节　一心二用

——注意分配训练

> 我们在集中思考时,在沉湎于某件事情时,我们看不见也听不见我们周围的事物。
>
> ——巴甫洛夫

【广角镜】

为什么不提醒我

有一次,英国一位议员需要在一次重要的会议上发言,但是由于有时间限制,他事先提前叫邻座一位议员在他讲了5分钟的时候给他提个醒。

这位议员滔滔不绝讲了5分钟后,邻座的议员就用肩膀推了推他,暗示他时间到了。

但是,这位议员没有反应,邻座见他没反应就又使劲捅了捅他,结果这位议员还是没有反应。后来,邻座只有用针来扎他,这议员被刺得几乎流血了,但是他仍然没有反应。

大约15分钟后,议员觉得自己讲得差不多了,就停了下来。当他坐下的时候,他生气地对邻座说:"你怎么不提醒我停下来?"

可怜的邻座不知道提醒了他多少次。

【七嘴八舌】

1. 为什么该议员埋怨邻座不提醒他? 实际是怎么回事呢?

2. 是什么原因导致这种现象? 你怎么看?

【自我探秘】

现在,请集中注意力,诚实地做下面的测试题①。一定要按照你真正可能会去做的实际去回答,而不要试图用技巧去判断对与错。好,下面开始!

对下列自测题,符合自己情况的在括号内画"√",反之画"×"。

1. 上课听讲时,常常走神,心不在焉。(　　)

2. 想干的事情好多,却不能静下心来认真做其中一件,结果什么事都没有做好。(　　)

3. 做语文作业时,就急着想做数学作业,恨不得一下把作业做完。(　　)

---

① 摘自http:// hi. baidu. com/ynqnkf/blog/item/b3c2d323058d564b93580712. html

4. 总觉得上课时间过得太慢。(　　)

5. 做作业时常走神,想起作业以外的事情。(　　)

6. 在看书学习时,很在意周围的声音,对周围的声音听得特别清楚。(　　)

7. 读书静不下心来,不能持续30分钟以上。(　　)

8. 和朋友聊天时,有时会无缘无故地说起其他无关的事。(　　)

9. 学校集会时间稍长一点,就会不耐烦,哈欠连天,也不知道主持人在说什么。(　　)

记分及分析:"√"0分,"×"1分。总分为15分。得分越高,注意力越强。

0—2分:注意力差;3—4分:注意力稍差;5—6分:注意力一般;

7—8分:注意力好;8—9分:注意力很好。

1. 得7分以上:

具备了成功人士必备的一个素质——高度集中的注意力。无论你干什么事,你都能排除外界干扰,整个身心都沉浸其中。你除了学习成绩比较好,其他方面也容易取得佳绩。但是,你也容易误入歧途,比如玩电子游戏,你会寻根究底,乐此不疲,从而使学习注意力下降,影响学习。因此,你应该学会正确发挥注意力集中这一优点,把超常的注意力运用到最能促使自己发展的方面,例如运用到学习、读课外书、科技小发明、小制作等方面,这样,你才算拥有了超常的注意力,才能真正获得超常的智慧。

2. 得4分以下:

做事总是心猿意马,三心二意;作业粗心大意,成绩也不怎么理想。你常常有这样的感觉:本想集中精力干一件事,可是由于各种原因,你总是分心,或者你本身就是一个好动的人,静不下来,结果浪费了许多宝贵时间,一事无成,常常后悔不已。如果不想办法提高你的注意力水平,不管你的天资如何好,做的许多事都会事倍功半。

【训练场】

一、魔术加法训练

1. 看谁算得快(团体游戏)

规则:(1)学生坐在座位上,从右向左依次报数,每个人都记住自己的号数。

(2)同学们要集中注意力,记住自己的号数,看清老师出的题目。

(3)如果老师出了一道算术题"4-1",这时,号数是3的同学马上站起来。可以反复、随意地出各种计算题。

(4)要求不准喧哗,不答题的同学不能提示。

2. 看谁反应快

随便写两个数字,一个在上面,一个在下面。

第一种写法:把它们加起来,两数之和写在上面数字的旁边,并把原来上面的那个数写在下面那个数的旁边。如此不断进行。当两数之和大于10时,则记个位数。例如3和8:

3	1	4	5	9	4	3		
8	3	1	4	5	9			

第二种写法:把他们相减,两数之差写在下面数字的旁边,并把原来下面的那个数写在上面那个数的旁边,若为负数,负号省略不计。如此不断进行。例如9和2:

9	2	7	5	2				
2	7	5	2	3	1			

与另一个人一起玩,一个人先发出指令:"用第一种写法!"30秒后再说:"用第二种写法!"指令一发出,写的人就在当前位置画一条线,迅速转换到另一种写法。这样不断进行。

最初练习可以只做3分钟,每周做2—3次,看加算量有无进步?错误是否减少?3周后增加到5分钟,每周3—4次。

二、数数游戏

1. 活动目的:专注能力的训练。

2. 活动过程:

(1) 两人或多人接力数数,从1数到11或从100倒数到1,谁数到含有"7"的数字时要站起来,否则就要表演节目,当然,数错了也要表演节目。

(2) 两人或多人接力数数,按数列"201、198、195、192⋯"的递减规律来数,数错的要表演节目。为了增加刺激性,也可以加入"数到含5的数字站起来"的规则。

以上游戏可通过限定反应时间来设立难度等级。

三、写数字

准备一张白纸,用7分钟时间,写完1—300这一系列数字。测验前先练习一下,感到书写流利,很有把握后就开始。注意掌握时间,越接近纬度会越慢,稍放慢就会写不完。一般写199时每个数不到1秒钟,后面的三位数字书写每个要超过1秒钟,另外换行书写也需花时间。要求在420秒钟内准确写完300个数字。

四、数玻璃球

找一些大小相同的玻璃球放到桌子上,然后用盖子把玻璃球盖上,不让对方看见。这时,告诉学生要注意桌上玻璃球的数量,然后教师分别用5秒、3秒、2秒钟时间出示一些玻璃球,随即盖上盖子,让学生说出玻璃球的数目,并记录下来。

第一次( )颗;第二次( )颗;第三次( )颗。看你说对了( )次。

五、两不误

1. 传统的中国练习法

左手画圆,右手画方(可以改成其他形状如正方形、长方形等)。

2. 听故事做算术题

活动规则:两人一组,一人讲故事,另外一人边听边做算术题;

两人轮换操作;故事讲完后,看谁故事复述更准确,算术题错的少者胜。

3. 音乐训练

儿歌弹唱训练,唱弹结合,训练注意的分配性。

【迷津点拨】

注意力集中方法之三

学会自我控制。有位专家说:"专心本身并没有什么神奇,只是控制注意力而已。"当你发现自己的注意力不能集中时,努力控制自己,让自己把注意力集中到某件事当中。

给自己规定期限。如果你把学习的内容作个明确的规定,你就会更容易地把全部注意力集中起来。

【思考】

集中注意力重在用心,眼看的,耳听的,身体感觉的,都不如"心"记着的;睁眼看到往往还不如闭眼看到的。请问:你有过这种感受吗?

第三章

火眼金睛是这样炼成的
——观察力训练

> 观察、观察、再观察。
>
> ——巴甫洛夫

第一节　观察是智力之母

观察是智力活动的源泉、门户和开始

凡是较高级的、较复杂的心理活动如想象、思维等都是建立在观察的基础之上。一个人如果仔细、系统地观察周围的事物，那么他对周围环境的认识绝对停留在肤浅的认识上。

耳目是智力的门户。现代科学证明：人脑的信息来源80%—90%是通过视觉、听觉收集的。因此，一个人想要发展自己的智力，首先必须训练、开发感知觉，如果大量有用的信息不能进入人脑，作为高级智力活动的想象、思维等就无法展开，智力开发就只能是纸上谈兵。

心理学专家研究表明，如果儿童生活在缺少日常刺激使感觉起作用很少的环境里，往往他们的知识内容显得苍白无力，而且注意力涣散，易受暗示，缺乏学习能力。另一个实验表明："仅仅遮断触觉刺激，也会使被试者智力迟钝与手指尖的灵巧性下降，感情容易冲动，并出现离奇古怪的思维。"

既然缺少一般性的感知，就会使智力活动受到如此明显的不良影响，那么，缺乏有目的、有计划的观察力，对智力活动的消极影响是不言而喻的。

学习活动是一种复杂的智力活动，智力活动的基础就是观察。没有一点观察力就无法写作文，无法解数学题，无法听课。观察力在人的一切活动中是必不可少的。将来要当科学家、艺术家、企业家或领导人都应具备高度敏锐的观察能力。苏联教育家赞科夫经过几十年研究，发现学习成绩差的同学有一个共同特点，就是观察力差。学习的基础是以间接经验为主，直接经验为辅。而观察是同学们获得直接经验的重要途径。有的国家，小学上自然课要求学生用80%的时间去观察，掌握直接感性经验。初中上物理、化学、生物课要求学生用60%的时间来观察、实验。高中上物理、化学、生物课，则要求学生用50%的时间来观察和实验。因此，要求同学们在学好功课的同时，应尽量参加科技活动，进行实践中的认真观察。

【思考】

只看不思考,不如不看。你认为这种说法对吗?

第二节　有的放矢

——观察目的训练

> 科学的根本精神,全在养成良好的观察力。
>
> ——梁启超

【广角镜】

谁是光头?

某日,德国哥根廷。

40位心理学家正在开会,忽然,一个人冲进会场,另一个手持短枪的黑人紧追而入,两个人当场搏斗起来,一声枪响之后,两个人又一道跑了出去。这个紧张的场面仅仅持续了20秒钟。

接着,会议主持人要求在场的心理学家们立即就这次刚刚经历的惊险写下目睹记。在40篇报告中,居然有36人没有察觉到那个黑人是光头!

【七嘴八舌】

1. 心理学家的观察力一般都应当是比较强甚至是比较精确的。但是,这一次,为什么有这么多人在观察时失之偏颇呢?

(这是因为,心理学家们事先没有思想准备,事件发生得非常突然,所以他们都没有明确的观察目的,也没有任何观察计划,所以对"黑人是光头"这一重要的事实"视而不见"。这一事实说明,要进行有效的观察,必须明确观察的目的,制订相应的计划。)

2. 你的观察力如何呢?

【自我探秘】

观察力小测试

与人第一次见面,你:

A. 只看他的眼睛,不多注意其他的。

B. 注意到他脸上的个别部位。

C. 悄悄地从头到脚打量他一番。

答案:

　A. 你能够观察到很多表象,但对别人隐藏在外貌、行为方式背后的东西通常采取不关心的态度。从某种意义上讲,你的这种大大咧咧却把自己从某些不必要的事情中解脱出来,从而充分享受内心的轻松。

  B. 你是一个有较强观察力的人。对于身边的事物,你会非常细心地留意,同时,你也能分析自己的性格和行为。人生阅览的丰富能够让你更准确地评价别人。但很多时候,不要太拘泥于细节,你或许会感觉更轻松些。

  C. 你有相当敏锐的观察能力。很多时候,你会精确地发现藏在某些细节背后的联系,这对于你培养自己对事物的准确判断力非常有好处,同时也让你的自信心大涨。但又正是这份自信有可能让你对别人的评价产生偏颇。

(摘自"国内·阳光校园",《宜宾晚报》2009年3月1日)

【训练场】

  一、在水平的地面上放有一堆宽厚相同的木条,请你根据这堆木条的俯视图,回答下列问题:

(1) 哪些木条是水平(即与地面平行)放置的?

(2) 哪些木条是倾斜的?

(3) 水平放置的木条中,哪根位置最高?

(4) 倾斜的木条中,哪一根倾斜度最大?

(5) A 与 G 相接触吗?

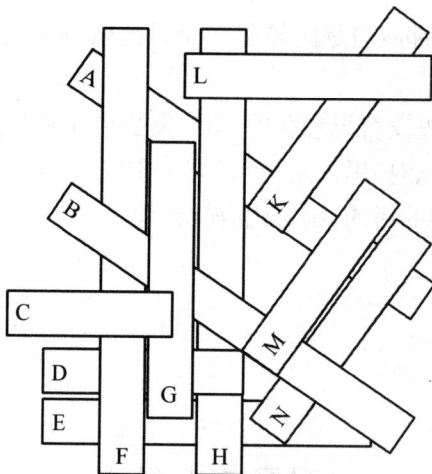

  二、数一下下面的图形有多少个,在正确的选项上打"√"。

(1) 下图有多少个正方形?

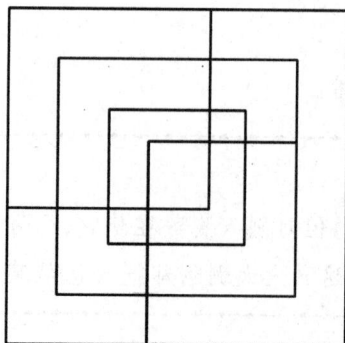

A. 18　　　　B. 15　　　　C. 20　　　　D. 9　　　　E. 8

(2) 下图有几个半圆？

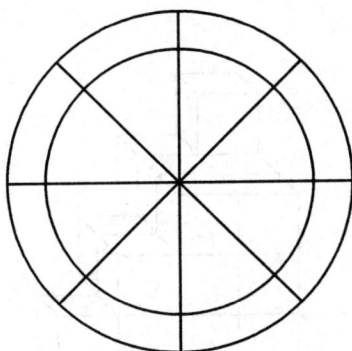

A. 14　　　　B. 16　　　　C. 18　　　　D. 20

(3) 下图有几个平行四边形？

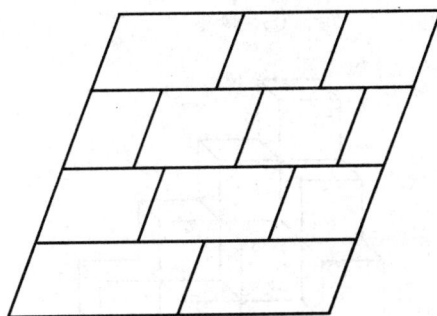

A. 26　　　　B. 28　　　　C. 30　　　　D. 32

(4) 下图共有多少个圆形？

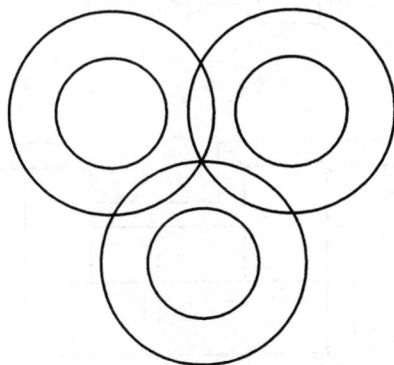

A. 6　　　　B. 7　　　　C. 8　　　　D. 9

(5) 下图有几个长方形？

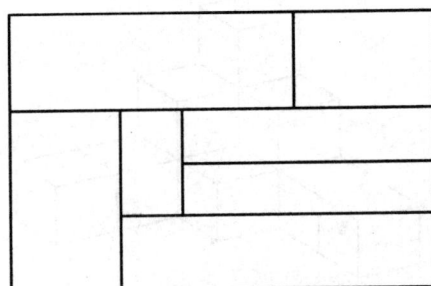

A. 8   B. 9   C. 10   D. 11

三、数数下列积木有多少,将正确的选项填在括号里。

(1) A. 38   B. 39   C. 40   D. 41   (　　)

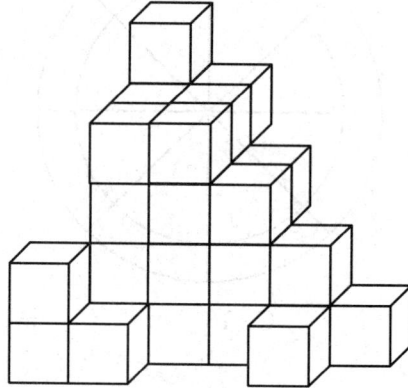

(2) A. 37   B. 35   C. 34   D. 38   (　　)

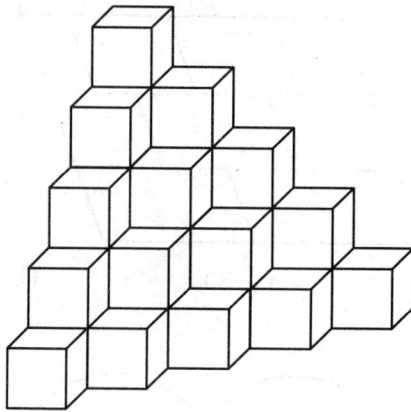

(3) A. 7   B. 10   C. 9   D. 8   (　　)

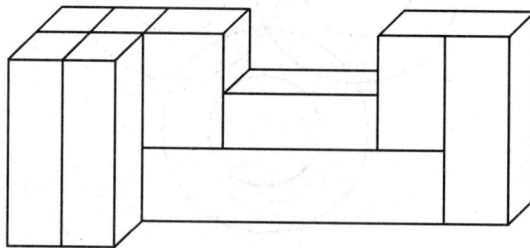

(4) A. 12   B. 13   C. 14   D. 15   (　　)

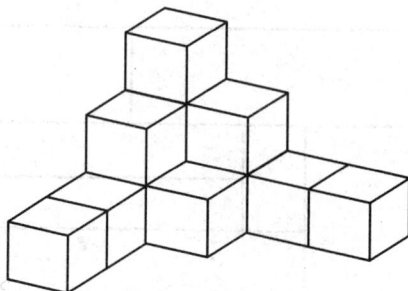

四、右图 A、B、C、D、E 中,哪一幅可以和左图拼出一个完整的三角形来?

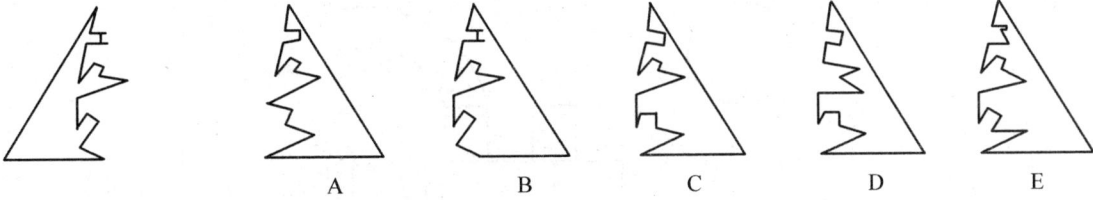

A　　　　B　　　　C　　　　D　　　　E

五、从 A、B、C、D、E 中选出一幅图,使它能和左图拼出一个完整的圆来。

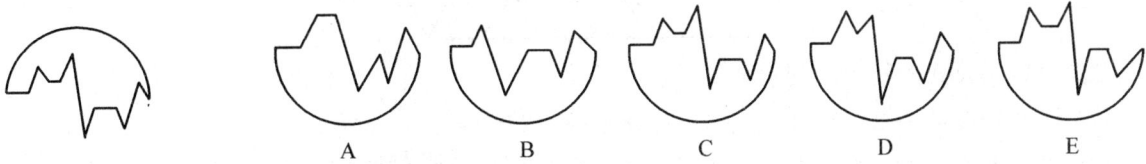

A　　　B　　　C　　　D　　　E

六、(1) 图中的人物是由一个字组成,如果你实在看不出,不妨换个角度来观察。

(2) 这里画的并不是两种图案,请你识别一下,到底是什么?

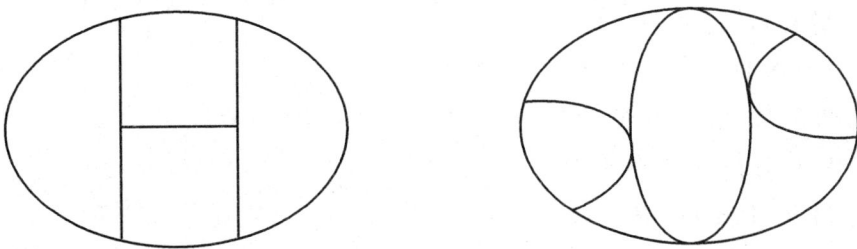

七、把下面的图形组合起来,可以组成一条船,但 1—13 组件图形中有一组件图形是多余的,请在最短的时间内找出来。

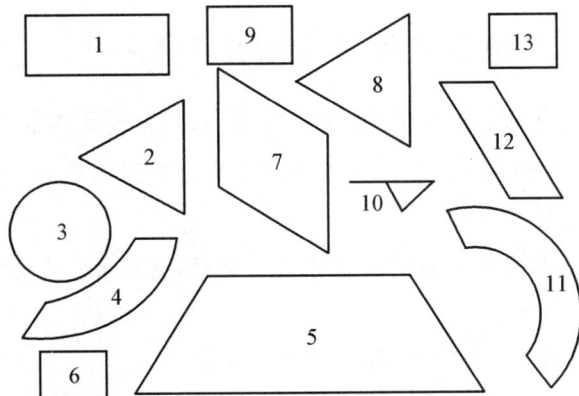

组合模型：

八、对数学算式的特点的观察和把握。

(1) 快速计算：$1+2-3-4+5+6-7-8+\cdots+2\,005=$

(2) 以下九个数字的排列顺序不变,在它们中间加上三个运算符号,使所得算式的运算结果等于 100。

　　1　2　3　4　5　6　7　8　9

(3) 在下列等式的左边加上运算符号(包括括号),使等式成立。

　　4　4　4　4＝5　　　　　4　4　4　4＝20

　　4　4　4　4＝24　　　　4　4　4　4＝28

　　4　4　4　4＝48　　　　4　4　4　4＝68

九、找出左右两组字母中相同的字母,写在题号前的括号内(限时 1.5 分钟)。

(　　)(1) X M N E；Y B N D F

(　　)(2) C O A R；P E O F D

(　　)(3) C F K H；P N D H O

(　　)(4) M K G H；A H S K F

(　　)(5) P F X D；E F O D X

(　　)(6) N T W A；H A M D F

(　　)(7) V H B R；K U N R B

(　　)(8) M R H S；D J R N O

(　　)(9) T P G Z；J X N P G

【迷津点拨】

提高观察力方法指导之一[①]

人的观察力虽然受先天生理、心理因素的影响与制约,但主要是在后天实践中形成和发展起来的。因此,观察力是可以培养和训练的。这可以从如下六个方面入手。

1. 确立观察目标,提高观察责任心。

人的行为是有目的的。只有带着目的和任务进行观察,提高责任心,才会对自己的观察力提出

---

① 蒋敬祖,流川美如,朱玉红. 35 岁前要有的 33 种能力. 沈阳出版社,2009.

较高的要求,从而提高观察力。

2. 明确观察对象,制订观察计划。

这样就可以将观察力指向与集中到要观察的对象上,并按部就班,从容观察,从而有助于提高观察力。

3. 观察时要全神贯注,聚精会神。

注意性是观察力的重要品格之一。只有提高注意性,对观察对象全神贯注,才能做到观察全面具体,才能收集到对象活动的细节。

4. 培养浓厚的兴趣和好奇心。

兴趣和好奇心是提高观察力的重要条件。一个人具有好奇心,对其观察的对象有浓厚的兴趣,他就会坚持长期持久的观察而不感到厌倦,从而提高观察力。

5. 要有丰富的知识和经验储备。

只有这样才能在观察中善于捕捉机遇。科学家巴斯德说过,"在观察的领域里,机遇只偏爱那种有准备的头脑。"

6. 掌握良好的观察方法。

如要坚持观察的客观性,要注意被观察对象的典型性等等。

【思考】

你比较赞同以上提高注意力的哪种方法?请把你的方法与经验与大家分享。

第三节 明察秋毫

——观察细致性训练

> 我没有特殊的天赋,只有强烈的好奇心。
>
> ——爱因斯坦

【广角镜】

1. 哥白尼的故事

哥白尼站在一望无际的大海边,久久地凝视着海平线上出海归来的帆船:为什么总是最先看到那高高竖起的桅杆,而后才一点点看见船身? 哦,这还不明白吗,地球是圆的! 从而彻底颠覆了谬论:地球是个"长方形的箱子","大地是它的箱底,天空是他的盖子"。

2. 阿基米德与浮力定律

关于浮力定律,有这样一个美丽的传说,据说,有一次,希耶隆二世制造了一顶金王冠,但是,他总是怀疑金匠偷了他的金,在王冠中掺了银。

于是,他请来阿基米德鉴定,条件是不许弄坏王冠。当时,人们并不知道不同的物质有不同的比重,阿基米德冥思苦想了好多天,也没有好的办法。有一天,他去洗澡,刚躺进盛满温水的浴盆时,水便漫溢出来,而他则感到自己的身体在微微上浮。于是他忽然想到,相同重量的物体,由于体积的不同,排出的水量也不同……他不再洗澡,从浴盆中跳出来,一丝不挂地从大街上跑回家。当他的仆人气喘吁吁地追回家时,阿基米德已经在做实验了:他把王冠放到盛满水的盆中,量出溢出的水,又把同样重量的纯金放到盛满水的盆中,但溢出的水比刚才溢出的少。于是,他得出金匠在王冠中掺了银子。由此,他发现了浮力原理,并在名著《论浮体》记载了这个原理,人们今天称之为阿基米德原理。

【七嘴八舌】

1. 哥白尼与阿基米德的故事对你有什么启发?

2. 你周围同学中有观察力较突出的吗? 表现在哪些方面?

3. 观察事物时,自己通常关注什么部分,或者说说自己是怎样观察事物的?

4. 请列举自己因出色的观察力而使问题得到解决的事例。

【自我探秘】

你的观察力有多强[1]?

1. 进入某个办公室时,你会留意到:

---

[1] 彭洁等.认清自我——世界500强企业100套经典测评题,海天出版社,2007.

桌椅的摆放(3分);用具的准确位置(10分);墙上挂着什么(5分)。

2. 与人相遇时,你:

只看他的脸(5分);悄悄地从头到脚打量他一番(10分);只注意他脸上的个别部位(3分)。

3. 你从自己的看过的风景中记住了:

色调(10分);天空(5分);当时浮现在你心中的感受(3分)。

4. 早晨醒来后,你:

马上就想起应该做什么(10分);想起梦见了什么(3分);思考昨天都发生了什么事(5分)。

5. 当你坐上公共汽车时,你:

谁也不看(3分);看看谁站在旁边(5分);有时与离你最近的人搭话(10分)。

6. 在大街上,你:

观察来往的车辆(5分);观察房的正面(3分);观察行人(10分)。

7. 当你看橱窗时,你:

只关心可能对自己有用的东西(3分);也要看看此时不需要的东西(5分);注意观察每一件东西(10分)。

8. 如果你在家里需要找什么东西,你:

把注意力集中在这个东西可能放的地方(10分);到处寻找(5分);请别人帮忙找(3分)。

9. 看到你的亲戚、朋友过去照片,你:

觉得快乐,感慨世事真奇妙(5分);觉得可笑(3分);尽量了解照片上都是谁(10分)。

10. 假如有人建议你去参加你不会的游戏,你:

试图学会玩并且想赢(10分);借口过一段时间再玩而给予拒绝(5分);直言你不玩(3分)。

11. 你在公园里等一个人,你会:

仔细观察站在旁边的人(10分);看报纸或玩手机之类(5分);想着某件事(3分)。

12. 在满天繁星的夜晚,你:

努力观察星座(10分);只是一味地看天空(5分);什么也不看,都不在意(3分)。

13. 你放下正在读的书时,总是:

用铅笔标出读到什么地方(10分);放个书签(5分);相信自己的记忆力(3分)。

14. 你记住领导的:

姓名(5分);外貌(10分);什么也没记住(3分)。

15. 你在摆好的餐桌前:

赞扬它的精美之处(3分);看看人们是否都到齐了(5分);看看所有的椅子是否都放在合适的位置上(10分)。

评分标准与分析:

100分以上:你是一个很有观察力的人。同时,你也能分析自己和自己的行为,还能极其准确地评价别人。保持对事物观察入微的习惯,你可以发现更多美好事物。

76—100分:你有相当敏锐的观察能力,对大部分事物,你都可以作出相对正确的判断。只是,你有时会自以为是,对别人的评价容易带有偏见。

45—75分:你对别人隐藏在外貌、行为方式背后的东西并不关心,虽然这并不会让你在交往中

产生心理障碍,但你容易一叶障目,只看表面,没能体会到背后的深意。

45分以下:老实说,你真的对周围人的外在和内心都完全不感兴趣吗?你是一个有自我中心倾向很严重的人,小心这可能会成为社会交际的障碍。希望你在关注自己的同时,也去关注一下身边人,会有更多的精彩等着你去发现。

【训练场】

一、下图是一辆正在行进的公共汽车,你能根据此图所提供的线索,观察此公共汽车是从 A 驶往 B,还是从 B 驶往 A?并说明你的理由。(**注意:一百个人的观察结果,可能有九十九个是不正确的!**)

二、下面有 A、B、C、D、E 五个图。问1:图 A 中的横线和竖线是否相等?问2:图 B 中间的两根平行线,是弯的,还是直的?问3:图 C 中的四边形,是长方形,还是梯形?问4:图 D 中间的两根短的平行线是否相等?问5:图 E 中的两根竖线,哪根长,哪根短?

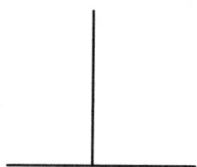 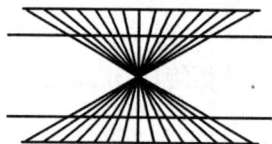   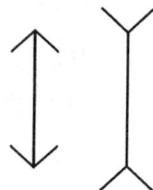

图A   图B   图C   图D   图E

三、观察下列数字,并做题。

A. 三个均同   B. 一、二相同   C. 一、三相同   D. 二、三相同   E. 都不同

依据判断,在括号里填上适当的选项。

(1) 05281 (　　)
    05281
    05281

(2) 54312 (　　)
    54321
    53412

(3) 11259 (　　)
    11529
    11259

(4) 47625 (　　)
    46725
    46725

(5) 32396 (　　)
    32396
    32396

(6) 26304 (　　)
    26034
    26305

(7) 32405 (　　)
    32405
    32405

(8) 05284 (　　)
    05284
    05284

四、选出与其他图形不一样的一个填在括号里。

1.
A   B   C   D   E

（　　）

2.
A   B   C   D   E

（　　）

3.
A   B   C   D   E

（　　）

4.
A   B   C   D   E

（　　）

5.
A   B   C   D   E

（　　）

五、选择经过翻转后得到的图形。

1.
A   B   C   D

（　　）

2.
A   B   C   D

（　　）

3.

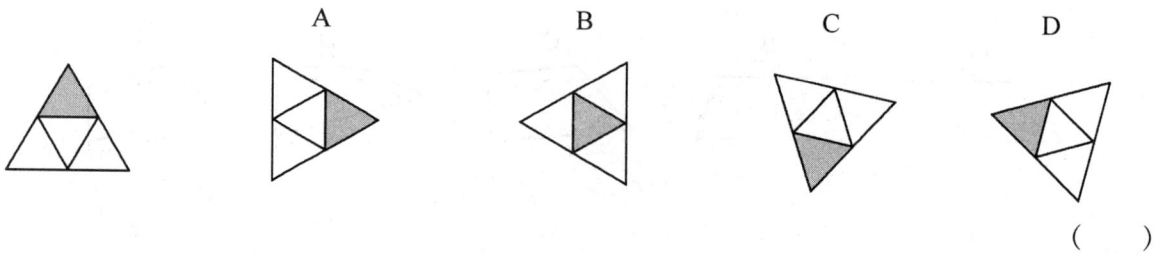

( )

4.

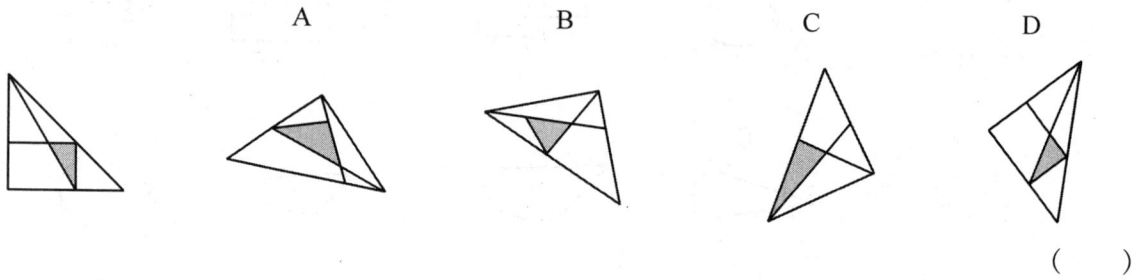

( )

5.

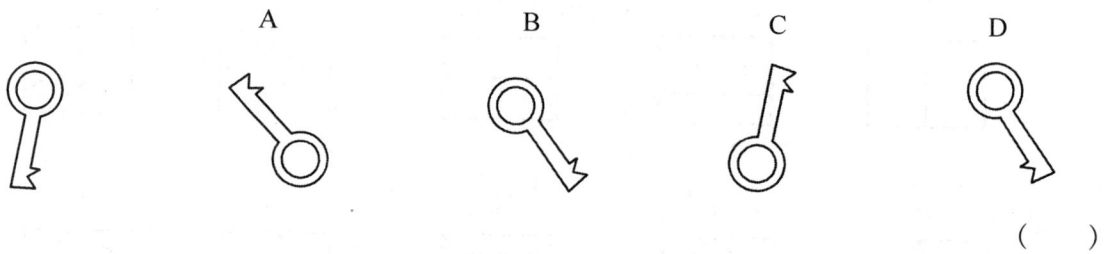

( )

六、下面的几个图形可以构成一个什么样的整体。

1.

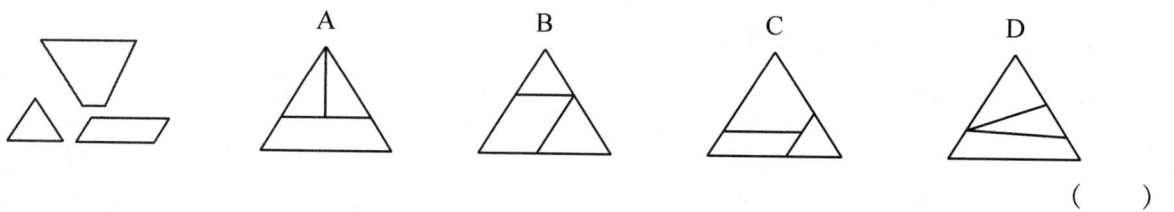

( )

2.

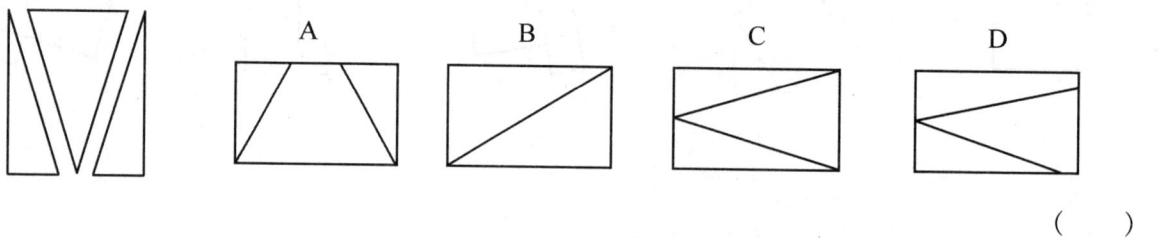

( )

3.

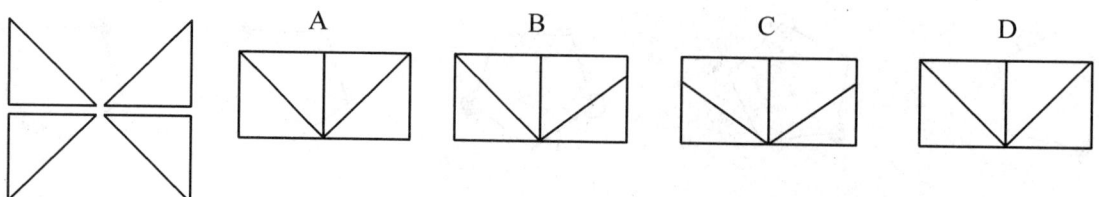

(   )

4.

| A | B | C | D |

(   )

七、火眼金睛找错误。

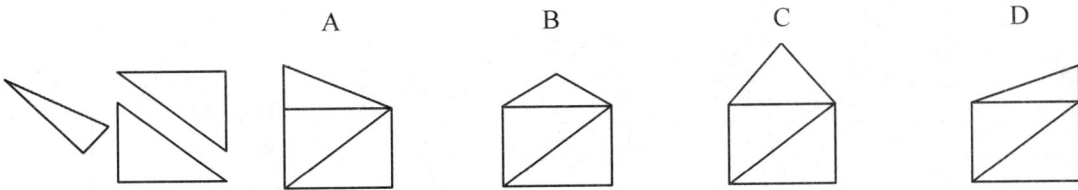

八、说出下面各图中少了什么东西,并把缺少的部分画出来。

九、下面的面孔有一张很特别,与谁都不相同,你能指出来吗?

十、下面四幅画的顺序标号不对,请你仔细观察一下,重新排列它们的顺序。

正确的排序是_____、_____、_____、_____。

【迷津点拨】

提高观察力方法指导之二①

　　观察力说到底,就是对一件事物的留心程度,对你身边的每一个人或者事都要细心地去看、去思考,无论它是多么的常见与平凡,重在区分它们之间的异同点,不仅仅是观察新的事物。提高观察能力的首要还是要从我们身边做起。在看一个事物时,除了仔细地去看之外,还要从多个角度去思考,为什么这个事物是这么回事儿,它有优先于普通同样的事物的地方在哪儿,不要忽视任何一件小事,往往小事的背后隐藏着很大的秘密,如果我们不仔细地观察,也许就将这个秘密永远地隐藏了。提高观察力的方式有很多,比如,一棵树,你可以观察它落下的树叶的数量,以及树叶的大小、颜色;是新叶先掉,还是黄叶先掉;是叶面向下的数量多,还是叶面向上的数量多……观察,也是需要坚持的,需要长期做,更需要观察的时候,尽力地去思考。

【思考】

盯着事物目不转睛,反复观察,观察力就提高了吗?

---

　　① 摘自http://zhidao.baidu.com/question/31646876.html

第四节　独具慧眼

——观察敏锐训练

> 理论之所以能够成立,其根据在于它同大量的单个观察关联着,而理论的真理性也正在于此。
>
> ——爱因斯坦

【广角镜】

地图的秘密

20世纪初,奥地利青年气象学家魏格纳,在一次住院期间,偶然地对病房横挂的世界地图的奇异形状发生了浓厚的兴趣。平常,这司空见惯的地图形象,根本不会引起病人和工作人员丝毫的兴趣。魏格纳却透过这平凡不为人所注意的地图形象,仔细观察且觉察到其中的奥妙:

地图中大西洋两岸的大陆的海岸线凹凸部分正好相反,愈看愈觉得图中的整个欧洲、非洲、南北美洲东部,简直像是一张完整的报纸被撕成的两半……

恰恰是这一独特的感受,使得魏格纳成为"大陆漂移"说的缔造者。魏格纳之所以能透过一张普通的世界地图提出新的科学猜想,一个很大的原因就在于他具有较强的感受事物的能力,能从现在的地图形象,由此及彼,认识到它是由远古时期的整块大陆经历无数次漂移和演变而逐渐形成起来的结果。

【七嘴八舌】

1. 为什么是魏格纳缔造了"大陆漂移"说?

2. 你在生活、学习中是否发现过别人没有发现的东西?

(一个感受独特的人,在观察事物时,往往能获得深刻的体验,能感受到那些别人感受不到的东西,能从日常生活和平凡的事物中领悟到新东西,在别人看似不可能产生希望的地方创造奇迹。)

【自我探秘】

你能找到几张人脸①?

测试标准:

一般人能找到4—5张人脸。

---

① 摘自http://bbs.jsr.cc/read.php? tid=183107

如果你能找到 8 张人脸,说明你的观察力不错。

如果你能找到 9 张人脸,说明你的观察力高于平均水平。

如果你能找到 10 张人脸,说明你的观察力出众。

如果你能找到 11 张人脸,说明你的观察力极其出众。

【训练场】

一、考考你的眼力,观察下列四幅图片,详尽描述你看见的东西。(不要受他人影响,相信自己的眼力!)

二、找一找。

1. 你能找到图片中的婴儿吗?

2. 你能找到图片中的狮子头吗?

3. 你能找到图片中的熊吗?

三、下面每道题有四个图形,请在看第一眼时选出你感觉与其他三个不一样的图形来。选后不要更改。

1.

A   B   C   D

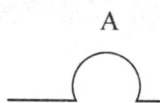 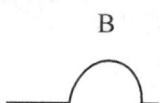 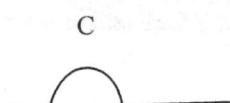 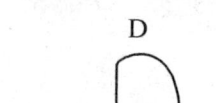

2.

A   B   C   D

3.

A   B   C   D

 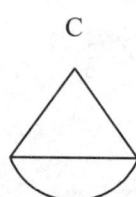 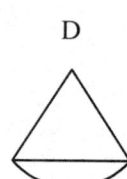

4.

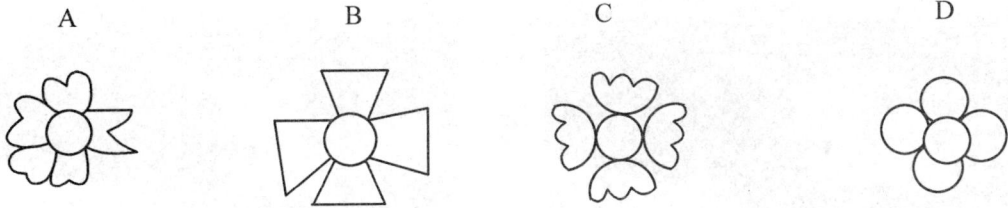

A   B   C   D

5.

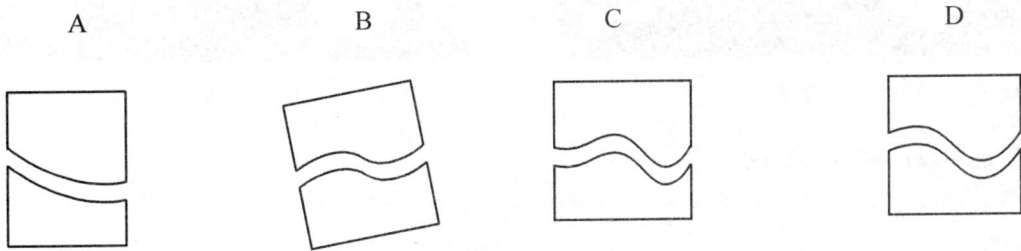

A   B   C   D

四、图中有三对图形是完全相同的,请把它们找出来。

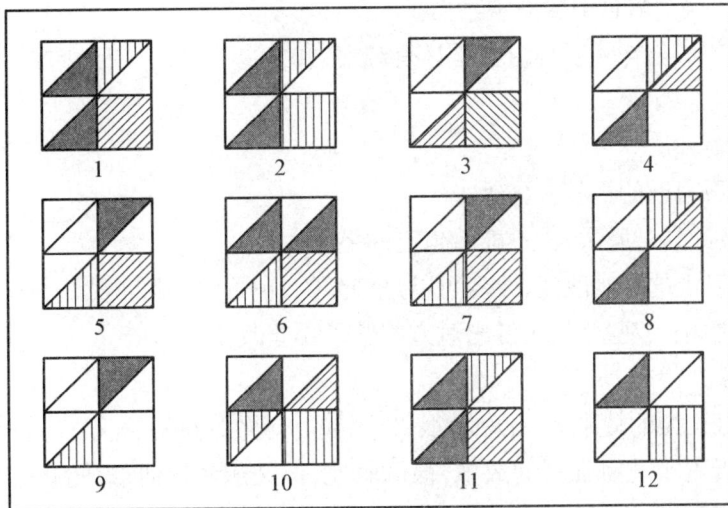

五、清晨,值勤的刑警 Y 到崎山公园巡视。他从 Y 门进入公园,厚厚的积雪上留下了他清晰的脚印。到了 X′,他突然发现一个女人仰天而卧。啊!她是从 A 门进入公园以后,被一双有力的大手扼死的。

在 X′的附近,又见到三行从不同的门出入公园的男人的脚印。显然,谋杀是在雪后进行的。这样,在崎山公园里除了 Y 的脚印外,还有四个人的脚印:X(被害者)—X′,A—A′,B—B′,C—C′。这四行脚印相互都不交叉。

为了便于破案,Y 选择了一条同四行脚印互不交叉的路线,走进公园 Y 派出所,部署侦破工作。

你能从脚印中推出 A、B、C 三人谁是凶犯吗?

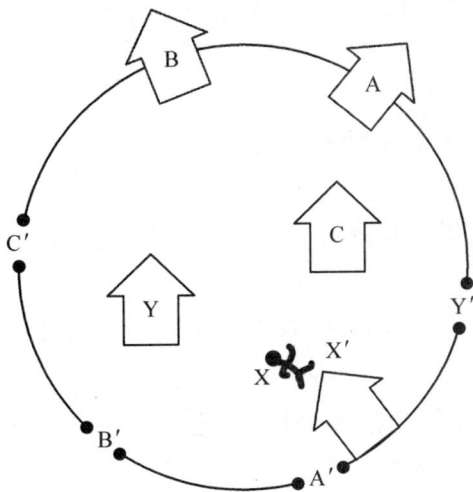

六、找出下列图片的不同之处(越多越好)。

图1

图2

七、福尔摩斯观察力游戏。

时间:10分钟　人数:不限

概述:

这是一个很好的游戏,可以在培训之初开展。通过游戏来展示如果一个人缺乏观察力会怎样,并且告诉他们如何在整个培训中提高观察力。

目的:向大家展示,怎样才能称得上是具有观察力的人。

步骤:

1. 让队员们结对儿。

2. 每人仔细观看自己的搭档一分钟。

3. 一分钟后,彼此转过脸去,再不能看自己的搭档。

4. 每人做7处以上的外观改变,改变可以是细微的,也可以一目了然。

5. 让搭档们再次相互观察,依次说出对方都做了哪些改变。

八、孔融的故事。

你一定知道孔融让梨的故事吧,孔融是很讲礼貌的。你知道吗? 孔融还是很聪明的。

当时有个县官听说了孔融让梨的故事,很佩服他,但又想考考他,就问孔融:"我有个朋友在赏梅花时被蛇咬了,你有办法治吗?"孔融想了想说:"有! 你用五月初五地上的雪一敷就好了。"县官假装生气,说:"小孩子骗人!"孔融答道:"你不是和我一样吗?"县官听了,连连夸孔融聪明。

你知道县官为什么夸孔融聪明吗?

九、环境观察力训练①。

1. 机车是我们生活中的重要交通工具,它的两个轮子一转能载着你到处跑。请问,当车子前进时是前轮先转动还是后轮先转动,或是前后轮一齐转动呢?

2. 随着生活水准的提高,作为传播媒介的电视机进入千家万户。当你打开电视的时候是先有声音还是先有图像呢?

3. 你一定知道保温杯,说不定每天都要打几次交道。那么请问,在你给保温杯注水时,是将水注满保温时间长,还是不注满留点空隙保温时间长?

4. 无论你受过什么教育,都读过很多书,至于那些手不释卷整天和书打交道的人对书就更熟

---

① 罗锐韧,梁伦胜.哈佛考考你.印刷工业出版社,2003.

悉了。那么请问,书的双数页是在书的左边还是右边呢?

5. 电风扇是你夏季的好朋友,时刻准备为你效劳,只要你扭动开关就能给你带来清风凉意。那么请问,当它为你驱暑送爽的时候是顺时针还是逆时针旋转?

6. 在骄阳似火、酷暑闷热的夏天,人们摇起扇子,知了在高枝上长鸣,老母鸡在树荫下伸张着翅膀。那么,大黄狗是什么姿态呢?

7. 螺丝是我们生活中常见的零件,你即使不是机械工人也不止一次地见过,说不定你曾用螺丝起子或扳手松紧和上下过螺丝。那么请问,螺丝帽是几面体呢?

十、行为观察能力训练①。

1. 图中一男一女并坐,他们处于什么心态?

A. 两者都感到烦闷 　　　　　　B. 男士对女士献殷勤

C. 女士想躲避男士的贴近 　　　　D. 女士挑逗男士

第1题图

第2题图

2. 图中一男一女并坐,两人中谁更害怕?

A. 女士　　　　B. 男士　　　　C. 两人都感到随便　　D. 两人都害怕

3. 图中男女面向而坐,谁更有自信心?

A. 女士　　　　B. 男士　　　　C. 两人都感到拘谨　　D. 两人都感到随便

第3题图

第4题图

---

① 罗锐韧,梁伦胜.哈佛考考你.印刷工业出版社,2003.

4. 图中那位女士是什么样的感情?

A. 同情   B. 友好态度

C. 希望关系保持一定距离   D. 愤恨

5. 图中的谁更感到拘谨,男士还是女士?

第 5 题图

A. 两人都感到很自然   B. 两人都感到拘谨

C. 女士感到拘谨   D. 男士感到拘谨

【迷津点拨】

观察力是人们在对周围事物进行有目的的、有计划的知觉过程中,能全面、深入、准确、迅速地把握事物特征的才能。我们在观察事物时,不仅要用眼睛看,用耳朵听,用手去触摸,用鼻子去闻,用舌头去尝,更重要的还得用头脑去思考。因此,有人又把观察称为"思维的知觉"。观察比一般知觉具有更大的理解性,也就是说,人的思维活动在观察中有着重要的作用。观察是认识世界、发现科学奥秘、获得知识的大门,只有通过这道大门,才能登堂入室,探索新知。可以说,科学发端于观察。因为人们对客观事物进行观察、记忆,客观事物反映在人们的大脑皮层留下痕迹,这些痕迹的加深,就会形成深刻的印象。这个印象扩展开去,联想到新的事物与新的事物的组合,在脑子里创造出新的形象,这就是从印象扩展到想象的心理过程,人们在学习研究中沿着这个过程出发,就能有所创造,有所发明。

科学研究离不开观察,学生的学习同样离不开观察。我们在学习上也要具有敏锐的观察力,不要轻易放过哪怕是很细微的引起怀疑的地方。观察使人变得聪明,使人开阔视野。正是宏可观宇宙,微可察秋毫,或是通过感观的直接观察,或是借助于仪器观察,都能获得符合客观实际的结果。心理学家认为,观察力实际上是人的智力结构中最基本的一种能力。

要想让自己更聪明些,要想提高学习效率,要想探索科学的奥秘,就得仔细观察。然而,并非任何随便的观察都能在科学上产生作用。没有观察的目的,不懂得观察的方法,这样的观察是不会发现什么的,对学习和工作也不会带来益处;相反,却会浪费时间,影响学习、工作的效率。因此,我们必须善于观察,培养和提高自己的观察力,可借鉴的方法有:

1. 要在生活实践中养成观察习惯,随时留心观察身边事物。

2. 要养成实事求是、从实际出发的作风。

3. 要学会认定目标,自觉、持久地进行观察,如果漫无目的,必然漫不经心。

4. 知识准备充足。有效的观察,必须具备关于观察对象的预备知识,知识准备越充足,对观察对象的理解就越深透。

5. 学会观察方法。采用科学方法来进行观察,通过锻炼会增强观察力,提高观察效率。这些方法有:顺序观察法、比较观察法、隐蔽观察法等。

提高观察力的根本途径是增强自己的求知欲、事业心和责任心。

【思考】

每逢大型考试结束,总有同学后悔看错题,不该丢的分丢了,人们把此种现象往往归因于粗心大意。请问:粗心大意的毛病究竟在哪里?

第四章

敲开你的记忆力之门

第一节　探索你的记忆力

【广角镜】

记忆奇人熟背《新华字典》

现实中,很多人感觉学的东西总是记不住,而家住长沙市芙蓉中路的孙中伟有一套特殊的记忆方法:右脑记忆法有意识地创造一些记忆码,帮助记忆。他能背《新华字典》,圆周率可以背到一千位,近百个数字打乱顺序几分钟后就能倒背如流。

孙中伟打算接下来的 3 个月,他将背诵《中华字典》、再花 2 个月背诵《成语词典》、然后是《朗文双解英汉字典》、唐诗宋词等,他的目标就是冲刺吉尼斯纪录。

【自我探秘】

孙中伟有那么好的记忆力,那你的记忆力怎样呢? 探索一下吧。

记 忆 测 试

小华平时爱画画。有一天,爸爸拿出一个图形对小华说:"你能把这个图形仔细地看半分钟,再凭记忆复画出来吗?"

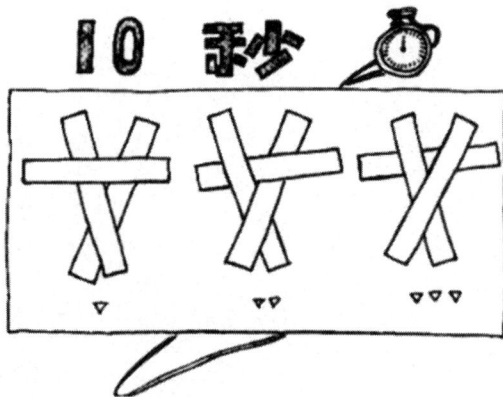

　　小华一口答应,画了起来。画着、画着,他想不起来哪一部分应当在上面,哪一部分应当在下面,结果画了下面三幅图。同学们,请你用10秒钟辨认一下,哪一幅图是正确的?

【迷津点拨】

什 么 是 记 忆?

　　记忆是个概括的称呼,如果按照它的工作过程又可以分为以下三个阶段。

　　第一阶段,通过感觉器官,将信息留在脑中,这叫作"识记";

　　第二阶段,就是把留在记忆中的信息加以保存,称为"保持";

　　第三阶段,是在需要的时候,把所需的信息提取出来,即是"再认和再现"。

　　衡量和评价一个人记忆力水平好坏的标准有:

　　1.记忆的准备性　2.记忆的精确性　3.记忆的敏捷性　4.记忆的持久性

(摘自《优秀中学生14种记忆能力》)

【思考】

　　有什么方法可以把自己的记忆力提高呢?

第二节 联想记忆训练

【广角镜】

记忆天才①

1. 最著名的天生记忆大师是俄罗斯记者S·V·舍列舍夫斯基,他可以回忆起几十年前记住的长串数字、诗句、无意义的音节串,以及任何要他记住的东西。"他的记忆能力没有明确的极限。"从20世纪20年代直到50年代一直研究他的俄罗斯心理学家亚历山大·卢里亚这样说。

2. 在一位化名AJ的34岁美国主妇身上,忘掉过去是更大的挑战。她每天都无法控制地回忆起1980年以来经历的大小事情,详细到星期几,天气怎样,见过什么人。"我从来忘不掉任何事!我每天都要想起我的一生,这简直让我发疯。"她抱怨道。欧文大学的神经学家研究后发现,AJ的记忆非常准确,但她的智商一般,也无法记忆很长的数字或字母。除了偏头痛病史和极其详尽的日记,无法解释这种称为"超常态回忆综合征"的自传记忆能力。

3. 1957年生于印度的拉詹·马哈德万5岁时就能记住整个停车场的车牌,还一度因背出31811位圆周率而载入吉尼斯世界纪录。一度有专家认为马哈德万具有天然记忆力,但经过与埃里克森的合作研究,马哈德万自己也认为:他的记忆力是训练形成的。

【七嘴八舌】

为什么他们有非凡的记忆力呢?我们的记忆力能有他们那样好吗?怎么办呢?

【自我探秘】

一、你想知道自己对无逻辑材料的记忆力如何吗?那么,来测一测吧。

记忆测试一:对无逻辑联系材料的记忆

请在20秒内记住下列10个词,即行默写。在默写时要连同顺序号一起默写出来才算正确。

1. 口才 2. 字典 3. 青蛙 4. 友情 5. 细胞 6. 面试 7. 米 8. 长江 9. 资本主义 10. 笔

记忆测试二:对数字的记忆

记忆以下10个数字,时间为20秒。记忆后即行默写。

15.83 7.54 3.33 6.30 8.58 9.47 20.82 0.24 4.5 6.58

---

① 清华. 优秀中学生的14种记忆能力,延边大学出版社,2005.

【训练场】

要想有好的记忆力,我们就开始训练吧!

一、物像联想记忆法

在记忆中,我们常常要借助图式思维来记忆一些文字材料,图式思维是形象思维中的高级思维形式。图式思维内容较多,对记忆有帮助的图式思维主要有三种:实物型图式思维、原型图式思维、转化型图式思维。

(一) 实物型图式记忆

选择一系列实物,比如剪刀、筷子、钢笔、书包、削笔刀、砖头、鲜花、自行车、台灯、茶杯、手巾、三角板、文具盒……每个实物只看一眼,然后闭上眼睛在脑海里完整地再现自己刚刚观察过的实物。

接着,睁开眼睛将头脑中构成的图像同真实的实物做一检查,然后再闭上眼睛对头脑中的图像进行一些必要的调整(修正),重复这样做,直到头脑中的图像同观察的实物完全一致。(设计游戏)

(二) 原型图式记忆

瞬间观察一些对象,闭上眼睛在脑海里再现观察过的对象。

例:瞬间看数字308264,闭上眼睛,在头脑里想象大屏幕上面写着308264,想象图形保持10秒钟以上即可。

练习:

145279	623081
398213	329714
653927	308276
798191	172405
502716	194152

(三) 转化型图式记忆

将观察到的对象从某一角度转化成某些图式,这种思维称为转化型图式思维。

例1:观察308279,头脑里转化成"山洞里父子俩喝酒"的情景;

瞬间观察127125,头脑里转化成"婴儿骑125摩托车"的情景。

例2:看一眼"小汽车"三个字闭上眼睛,头脑里想象或回忆"小汽车"的图形;

看一眼"鸟儿"两个字,闭上眼睛,头脑里想象或回忆"鸟儿"的图形。

例3:看一眼"公园里人山人海"这句句子,头脑中想象"公园里人山人海拥挤不堪"的场面;

看一眼"汽车翻了了"这句句子,头脑中想象"汽车翻车了"的惨状。

练习:

1) 穷人、飞机、火山、花园、砖块、计算器、小狗、电脑、眼镜、操场、骑马、打猎、溜冰、上车、草原、大象、蒙古包、猴子、森林、工人

2) 下雨了、两个小孩在打架、汽车起火了、妈妈上班去了、树上有许多鸟儿、五星红旗迎风飘扬、桥上有许多人、同学们举手发言、火车开走了、气球飞了

55

二、定位联想记忆法

(一)测试:下面有 20 个词语,请你只看一遍,词与词之间间隔几秒,记忆时连序号一起背,看你能记住多少?

1—钥匙	2—电风扇
3—书包	4—钢笔
5—矿泉水	6—学生
7—电视机	8—课桌
9—探照灯	10—足球
11—摄像机	12—桑拿浴房
13—微波炉	14—净水器
15—VCD 影碟	16—钢琴
17—照相机	18—自行车
19—洗衣机	20—苹果

同学们,你可能会运用串联法从头背到尾,从尾背到头。但是,如果随意说出一个序号,让你马上答出词语,或者随意说出一个词语,让你立即答出序号,恐怕你就力不从心了。下面我们来学习一种新的记忆方法,它会使你的记忆力再上一个台阶。

到影剧院看电影时,几千名观众会秩序井然地坐到各自的座位上,为什么不乱套呢?因为每个人都有自己的座位号。从这件事你会受到什么启发呢?我们可以在自己的记忆仓库中准备好位置固定的"座位",当记忆一系列词语等材料时,按顺序把这些材料与"座位"联系起来,对号入座,这样记忆就不会乱套了。我们把这种记忆方法称为定位联想记忆法,把这些"座位"称为定位词。定位词必须记得滚瓜烂熟,记忆效果才好。

(二)四种定位系统

1. 人体定位系统

(1)头发 (2)眼睛 (3)鼻子 (4)嘴 (5)脖子 (6)前胸 (7)后背 (8)手 (9)腿 (10)脚

2. 房屋定位系统

(1)房子 (2)客厅 (3)沙发 (4)杯子 (5)手套 (6)手枪 (7)妻子 (8)爸爸 (9)酒 (10)石头 (11)足球 (12)月历 (13)石山 (14)玫瑰花 (15)月亮 (16)水果 (17)楼梯 (18)大学生 (19)大舅 (20)香烟

3. 十二生肖定位系统

(1)鼠 (2)牛 (3)虎 (4)兔 (5)龙 (6)蛇 (7)马 (8)羊 (9)猴 (10)鸡 (11)狗 (12)猪

4. 数字定位法

(1)铅笔 (2)鸭子 (3)耳朵 (4)红旗 (5)秤钩 (6)勺子 (7)镰刀 (8)麻花 (9)酒 (10)衣领 (11)筷子 (12)大二 (13)石山 (14)钥匙 (15)月亮 (16)少女 (17)楼梯 (18)哑巴 (19)大舅 (20)香烟 (21)二姨 (22)夫妻 (23)梁山 (24)暗示 (25)二姑 (26)自行车 (27)暗器 (28)恶霸 (29)二瓶酒 (30)山东 (31)三姨 (32)扇儿

(33) 山川   (34) 山寺   (35) 山谷   (36) 三楼   (37) 抗日   (38) 妇女   (39) 散酒   (40) 司令

(41) 司仪   (42) 四儿   (43) 四川   (44) 试试   (45) 失误   (46) 四楼   (47) 司机   (48) 丝瓜

(49) 解放   (50) 武林   (51) 武艺   (52) 我儿   (53) 巫山   (54) 青年   (55) 五姑   (56) 五楼

(57) 武器   (58) 网吧   (59) 无酒   (60) 老师   (61) 六一   (62) 结婚   (63) 庐山   (64) 律师

(65) 入伍   (66) 露露   (67) 漏气   (68) 路霸   (69) 溜走   (70) 老人   (71) 起义   (72) 妻儿

(73) 凄惨   (74) 气死   (75) 欺负   (76) 七楼   (77) 织女   (78) 骑马   (79) 吃酒   (80) 百灵

(81) 巴黎   (82) 花儿   (83) 爬山   (84) 巴士   (85) 芭蕾舞   (86) 八路   (87) 白旗   (88) 爸爸   (89) 斑鸠   (90) 酒瓶   (91) 旧衣   (92) 酒儿   (93) 旧伞   (94) 旧事   (95) 旧屋

(96) 酒楼   (97) 香港   (98) 酒吧   (99) 澳门   (100) 眼睛

联想不求逻辑,允许荒诞,只要能帮助记忆就行。

(三) 用定位联想记忆法记忆材料

1. 用定位联想记忆法记一般词语

示范:用 1—10 号定位词记 5 个词语。

序号	定位词	词语	记忆方法
1	衣	大象	大象穿着漂亮的衣服。
2	耳	酒精灯	耳朵放在酒精灯上烤。
3	山	轮船	轮船在山上行驶。
4	的士	鲜花	的士上开满鲜花。
5	虎	溜溜球	老虎玩溜溜球。

试一试,你记得怎么样:

(1) 从 1 号背到 10 号:

1—(   )   2—(   )……   10—(   )

(2) 从 10 号背到 1 号:

10—(   )   9—(   )……   1—(   )

(3) 随意说序号背出词语:

5—(   )   9—(   )   2—(   )……

(4) 随意说词语背出序号:

轮船—(   )   大象—(   )   溜溜球—(   )……

练习:

A. 用 1—10 号定位词记下列词语。

1. 楼房   2. 螃蟹   3. 橡皮   4. 老鼠

B. 用 1—20 号定位词记下列词语。

1. 公共汽车   2. BP机   3. 超市   4. 婴儿

C. 用 1—30 号定位词记下列词语。

1. 做操   2. 大海   3. 香烟   4. 电梯

(注:A、B、C 三组练习应间隔一定的时间,以免发生混淆)。

2. 用定位联想记忆法记成语

示范：用11—20号定位词记10个成语。

序号	定位词	成 语	记忆方法
11	筷子	津津有味	用筷子夹东西吃,吃得津津有味。
12	鱼儿	胸有成竹	鱼儿胸中长了一棵竹子。
13	雨伞	揠苗助长	用雨伞揠苗助长。
14	钥匙	画蛇添足	用钥匙画蛇添足。
15	鹦鹉	坐井观天	鹦鹉坐在井里观看天空。

试一试,看你背得怎么样:

A. 从11号到20号: 11—( ) 12—( )…… 15—( )

B. 从20号到11号: 15—( ) 14—( )…… 11—( )

C. 随意说出成语背出序号: 坐井观天—( ) 画蛇添足—( ) 胸有成竹—( )……

D. 随意说出序号背出成语: 14—( ) 13—( ) 11—( )……

练习:

A. 用1—30号定位词记下列成语。

1. 万马奔腾　2. 爱不释手　3. 鼠目寸光　4. 百折不挠　5. 理直气壮

6. 一毛不拔　7. 甘拜下风　8. 笨鸟先飞　9. 害群之马　10. 守株待兔

3. 用定位联想法记句子

示范:用21—30号定位词记10个词语。

序号	定位词	句 子	记忆方法
21	鳄鱼	鱼儿在水中游来游去。	鳄鱼周围有许多鱼儿在水中游来游去。
22	对联	红领巾在胸前飘荡。	红领巾像对联一样在胸前飘荡。

练习:

用1—30号定位词记下面句子。

1. 到处开满鲜花。　　　　　　　　2. 两个黄鹂鸣翠柳。

3. 小树苗长高了。　　　　　　　　4. 气球飞走了。

5. 夏天真热啊。

【迷津点拨】

记忆主要是通过联想起作用的

科学家指出,记忆主要是通过联想起作用的。比如,当有人试图回想自己把钥匙落在什么地方时,可能会想起把它顺手放在起居室了,这让你想起当时电视里正在播放一则清洁用品广告等。当他出门买清洁用品时,终于想起来钥匙落在厨房的案板上了。人们的大脑始终记得钥匙在哪儿,只不过得做几个联想才能回想起来。

首先,研究人员对一组恒河猴进行了训练,让它们记住任意几组符号。研究人员向猴子出示了一个符号(寒冷的天气),然后给出另外两个符号让它们做出选择,其中一个(帽子)与第一个符号有关。选对的猴子就可以喝到果汁。大多数猴子都可以应付自如,有一只猴子却不断搞错。主持研

究的奥尔布赖特和他的研究小组对这只猴子脑内颞下回(一个用于视觉认识和存储视觉记忆的区域)的神经细胞发出的信号进行了观测。当猴子在考虑选择哪个符号时,脑内颞下回1/4的活动属于这一选择行为。同时,有一半以上的活动在另一组神经细胞内进行,科学家们认为这代表着猴子对正确符号相应的记忆,而令人惊讶的是,在猴子做出错误选择之后,这些神经细胞仍然十分活跃。奥尔布赖特说,从这个意义上说,这些神经细胞存储的信息要比猴子通过行为透露出来的要多。因此,行为可能有差异,但最初的认知却不会变化,也就是说,通过联想,做出错误选择的猴子能够回到正确的记忆。

【思考】

"书读百遍,其义自现"是什么道理?

第三节　图像记忆训练

【广角镜】

物 体 轮 廓 线

材料：

1. 平底的学习用具；

2. 大张的纸；

3. 蜡笔或铅笔。

说明：

在桌面上铺一张大纸，并压紧。让学生找出要描绘的物品。将这些物品放在纸上，并让学生沿着它的底部用笔画出轮廓。继续描绘其他物品的轮廓线，直到纸上出现各种轮廓交叉而构成的有趣的图形(越多越好)。让其回忆每根轮廓线是什么物品的。

【七嘴八舌】

为什么我们看了电视或电影很容易记住里面的场景、反而背课文不易呢？

【自我探秘】

你对图像的记忆能力如何？

数 字 堡 垒

在下面的数字城堡中填入1—16这些数字，使城堡中横、竖、对角线、中间4个数以及角上的4个数之和均为34，并且每个数字只能出现一次。你能做到吗？

4			13
7			

【训练场】

来吧，加入我们的图像记忆训练①!

① 摘自http://zhidao.baidu.com/question/37216789.html

1. 训练方法：

(1) 请连续盯着卡片(训练时请看教材彩插中的卡片)。

(2) 看5秒后闭眼5秒,并暗示自己在闭眼前尽可能地使图像长时间停留在眼前,睁开眼后,看黑白图片并将图像的颜色回忆出来。

(3) 训练的关键在于连续不断,这种方法能激活右脑。

2. 训练方法：

(1) 将黄卡放在眼前,卡片上下左右全部纳入一只眼睛的视野中,要注意的是,卡片与眼睛的距离是30厘米。

(2) 目不转睛地注视黄卡30秒,要将注意力集中在黄卡上,此时尽量不要眨眼。

(3) 闭上眼睛,注视残留在眼帘背后的残像。30秒后迅速将黄卡从眼前移开,并迅速将视线注视在事先准备好的白纸上,继续注视残像。

(4) 残像练习熟练之后,让自己有意识地改变残像的形状和颜色。直达自己可以随意控制和改变眼中的残像为止。此训练需要不间断的循环往复。

3. 训练方法：

(1) 将卡片放在眼前30厘米处。

(2) 目不转睛地注视圆形30秒,要将注意力集中在圆形上,此时尽量不要眨眼。

(3) 闭上眼睛,注视残留在眼帘背后的残像。残像消失后继续睁开眼睛注视圆形卡片,如此循环往复,至少5次。

(4) 当圆形卡片的残像停留的时间越来越长时,用三角形卡片做同样的练习,而当三角形卡片的残像越来越不易在眼中消失后,就用菱形来做练习。

卡 片 (七)

圆形、三角形、菱形图形卡片

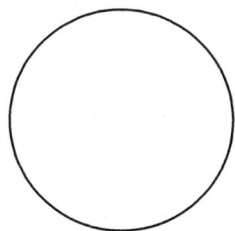

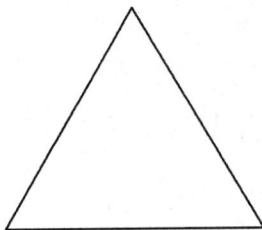

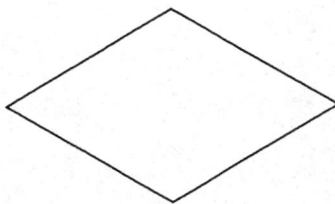

【迷津点拨】

半 面 之 缘

东汉时,有个叫应奉的人,是有名的学问家。他小时聪明过人,记忆力极强,读过的书、见过的人、经历过的事情,都能牢牢记住。应奉在郡里担任官职的时候,曾去过四十多个县,记录了上百数千个囚犯的情况。后来郡太守询问这些人的情况,他都能对答如流,甚至说出这些囚犯的姓名及定罪的轻重,这使太守等人很惊讶。有一回,应奉去拜访彭城长官袁贺,袁贺不在家,应奉正要转身回去,袁贺家的车匠突然推开大门,从门缝露出半张面孔看了应奉一眼,而后又关上了大门,二十年过去后,一天应奉出门在路上偶然见到这个车匠,立刻认出他来,并同他打招呼,这个车匠很吃惊,经过交谈他才明白,原来以前和应奉见过半面。车匠不由惊叹地说:"应奉的记忆力真了不起啊!"

现通常用此典故来说明只见过一面的人。

【思考】

1. 胸有成竹说明了什么道理? 熟视无睹又是什么原因?
2. 闭眼记忆比睁眼记忆效果好,这个说法对吗?

第四节　数字代码记忆训练

【广角镜】

非凡记忆力故事①

　　冯·诺伊曼,著名美籍匈牙利数学家。1903 年 12 月 3 日生于匈牙利布达佩斯的一个犹太人家庭。有故事说冯·诺伊曼记忆力惊人,读书过目成诵,他自幼爱好历史学,读了不少书,后来成了业余的拜占廷史行家。他还谙熟圣女贞德审讯的详情以及南北战争的细节。乌拉姆回忆说:1937 年圣诞节刚过,他和冯·诺依曼驾车从普林斯顿出发,去达克大学参加美国数学家协会会议。当经过文明战争的四战场时,冯·诺依曼叙述了有关战斗的最细微的情节。他的历史知识堪称渊博,宛如百科全书,而他喜爱的和知道的最详尽的是古代史。大家知道《双城记》是英国大文豪狄更斯的名作,它是一部长篇小说。有一次,冯·诺伊曼对他的朋友说:"我能背诵《双城记》。"人家就挑了几章做试验,果然他一一背诵如流。他对于圆周率 π 的小数位数,自然对数的底 e 的数值以及多位数的平方数和立方数等等,就更不在话下了。

【七嘴八舌】

　　你是如何记忆电话号码、车牌号等数字的?

【自我探秘】

　　测试:请你只看 3 分钟,记忆下面的数字,按顺序说出来。

$$4563211 \quad 8312505 \quad 4820381 \quad 5477169$$

　　同学们,你是怎样记这些数字的呢?效果怎么样呢?按照常规方法记忆数字,记得慢忘得快,如果把无意义的数字转换成有意义的汉字来记忆就容易多了。

　　数字代码记忆法更多用到的是联想与谐音记忆法。

【训练场】

　　如:54——青年、武士、舞狮　64——律师　40——司令

　　如:黄河全长 5 464 公里,54 青年、64 律师,青年律师走完了黄河全程。

---

　　① 摘自http://baike.baidu.com/view/168124.html

例：一个(青年律师)走完了黄河的全程。(5464)

我的(爸爸)坐在珠穆朗玛峰上吃(丝瓜)。(8848)

他在(庐山)看见一个(骑马)测地球半径的人。(6378)

他提着(酒)去问(老师)我国的陆地面积有多大。(960)

把数字转换成汉字主要有以下几种方法：

（一）根据数字发音转换

1. 根据汉语读音转换,音相同或相近均可。如:"1"可以转换成"衣、姨、椅、腰、药、鱼"等;"0"可以转换成"铃、洞、冻、东"等。

0. 灵 零 另 领 林 临	1. 椅 姨 忆 艺 药 妖	2. 耳 儿 两 凉
3. 伞 散 山 叁	4. 寺 死 是 丝 石	5. 屋 我 无 乌 虎
6. 路 柳 流 楼	7. 骑 妻 气 欺	8. 爸 把 拔 巴
9. 酒 舅 救 揪	10. 衣领	11. 摇椅 要医 大姨
12. 妖儿 要儿	13. 失散 石山 大山	14. 钥匙 要死 要是
15. 鹦鹉 要我 大姑	16. 石榴 大路	17. 妖气 仪器 一起 义气
18. 哑巴 要把	19. 药酒 要走 大舅	20. 耳洞 耳朵
21. 阿姨	22. 夫妻	23. 凉山
24. 暗室	25. 二姑 二胡	26. 自行车 二流子
27. 暗器 按期	28. 恶霸	29. 二舅 两瓶酒
30. 山洞 山东	31. 山药 三姨 善意	32. 扇儿 三儿
33. 山川 耳朵	34. 山寺 山狮	35. 山虎 三姑 珊瑚 山谷
36. 山路 山鹿	37. 山西	38. 妇女 山霸
39. 散酒 三舅	40. 司令 狮洞	41. 湿衣 失意
42. 死儿 四儿	43. 四川 撕伞	44. 试试
45. 失误 似乎 石虎	46. 四楼 石路	47. 司机 死期 石器
48. 丝瓜	49. 死狗 四舅	50. 武林
51. 武艺 无意 五姨	52. 无儿 捂耳 屋儿	53. 巫山 雾散
54. 青年 武士 舞狮	55. 无屋 无雾 无误	56. 无路 五楼
57. 武器 无妻	58. 舞吧	59. 无酒
60. 老师 路洞	61. 六一 留意 如意	62. 牛儿
63. 庐山	64. 手枪 律师	65. 入伍 疏忽 路虎
66. 顺意 路路	67. 漏气 氯气	68. 路霸
69. 溜走 六舅 遛狗	70. 其实 妻令 老人	71. 起义 妻意
72. 妻儿 旗儿	73. 祁山 凄惨	74. 气死 骑士
75. 欺负 旗舞	76. 骑鹿 七楼	77. 织女
78. 骑马	79. 吃酒 旗手	80. 白领 百灵
81. 巴黎 把药	82. 花儿	83. 爬山
84. 巴士	85. 芭蕾舞	86. 八路

87. 白旗　白气　巴西	88. 爸爸　爬爬	89. 斑鸠
90. 酒瓶	91. 旧衣　九姨	92. 揪耳　救儿
93. 旧伞	94. 旧寺　九死	95. 旧屋
96. 酒肉　酒楼	97. 酒气　香港	98. 酒吧
99. 舅舅　澳门	00. 铃铃　眼睛	01. 北京
02. 上海　铃儿	03. 天津　东山	04. 懂事　冻死　临时
05. 东屋	06. 冻肉	07. 灵气
08. 冬瓜	09. 冻酒	

2. 根据音乐简谱唱名转换。如："1"可以转换成"兜、豆、斗"等；"3"可以转换成"米、迷"等；"5"可以转换成"手、首、守"等；"6"可以转换成"拉、辣"等；"7"可以转换成"溪、西"等。

3. 根据外语发音转换。根据英语发音转换，可以把"1"转换成"王、网、旺"等；"2"可以转换成"兔、突、吐"等。根据日语发音可以把"2"转换成"泥"等。

4. 以上几种方法综合运用。如："11"可以转换成"豌豆"，"碗"是英语谐音，"豆"是音乐谐音；"29"可以转换成"泥鳅"，"泥"是日语谐音，"鳅"是汉语谐音；"41"可以转换成"石碗"，"石"是汉语谐音，"碗"是英语谐音；"57"可以转换成"手机"，"手"是音乐谐音，"机"是汉语谐音。

（二）根据数字形状转换

如：把"0"转换成"苹果"；"00"转换成"自行车"；"1"转换成铅笔；"7"转换成"镰刀"；"11"转换成"筷子"等。

（三）根据数字意义转换

如"10"大写为"十"是医院的标志，可以把"10"转换成"医院"；"87"谐音为"爸妻"，意思为"爸爸的妻子"，即"妈妈"，可以把"87"转换为"妈妈"；中国香港1997年回归，可以把"97"转换成"中国香港"等。

运动换字法记忆数字有固定编组换字法和随意换字法两种：

1. 固定编组换字法

这种方法是先把要记的多位数字按每组两位数分成若干组，再用串联法记下来。如：

| 58 | 94 | 25 |
| 猪八戒 | 教室 | 二胡 |

联想：猪八戒在教室里拉二胡。

| 35 | 64 | 38 |
| 孙悟空 | 老师 | 鲜花 |

联想：孙悟空给老师送鲜花。

| 88 | 09 | 30 |
| 爸爸 | 拎酒 | 山洞 |

联想：爸爸拎酒进了山洞。

87	76	78	21	05
妈妈	溪流	青蛙	鳄鱼	动武

联想：妈妈在溪流里捉住了一只青蛙，鳄鱼动武来抢。

如果要记的数字位数为单数时，前面或后面剩下一位数来记。

如：

99	57	44	7
舅舅	手机	狮子	棋

联想：舅舅打手机叫狮子来下棋。

6	59	03	92
鹿	武警	领赏	韭菜

联想：鹿找武警领赏，领的是韭菜。

练习：

1. 用固定编组换字法记下列数字。

63 96 97　　　　70 68 80　　　　82 84 63 85

40 73 45 55　　　5 24 21 05　　　19 32 26 2

2. 随意换字法

把一串数字随意换成一句形象的话，常常妙趣横生，更容易记住。

如：

1157 记为：遥遥无期

7086 记为：七零八落

4489737 记为：狮子把酒吃山鸡

4502841 记为：蜘蛛领儿爬石椅

8214808 记为：白鹅要食百灵瓜

4930381 记为：狮狗山洞杀蚂蚁

数字记忆示范

记忆数字程序如下：

a. 将给出的数字按每6位数一组分段；

b. 将每组数字转化成中文句子；

c. 记忆中文句子；

d. 回忆中文句子；

e. 将回忆的中文句子翻译成原来的数字。

例一：

记忆下列无规律的24位数字：

883079471699405864871226

记忆程序如下：

按 6 位数一组整理成

(1) 883079　(2) 471699　(3) 405864　(4) 871226

再转化成下面的中文句子：

爸爸一个人在山洞里喝酒

司机一路上找舅舅

司令请和尚当律师

妈妈给婴儿买一辆自行车

记忆上边的四句话。

每句话记忆完成后再记忆每一句话的头一个词语：

爸爸　司机　司令　妈妈

数字记忆工作完成后先回忆每句话的头一个词语。

翻译成数字：

88　47　40　87

再利用每句话回忆出每排的具体数字：

883079　471699　405864　871226

上述的工作步骤可简化,见例二的记忆方法。

例二：

记忆下例无规律的 24 位数字：

128615473027876428192653

简化记忆程序如下：

分段　128615　/　473027　/　876428　/　192653

一边转化、一边记忆：

第一组数字转化成中文"婴儿穿着八路军的衣服",记忆该句话；

第二组数字转化成中文"司机到山洞去找儿媳",记忆该句话；

第三组数字转化成中文"妈妈打了律师一耳光",记忆该句话；

第四组数字转化成中文"小舅骑自行车上了五指山",记忆该句话。

到此数字记忆过程结束。

回忆：

先回忆第一句话"婴儿穿着八路军的衣服",回原到数字 128615；

再回忆第二句话"司机到山洞去找儿媳",回原到数字 473027；

再回忆第三句话"妈妈打了律师一耳光",回原到数字 876428；

最后回忆第四句话"小舅骑自行车上了五指山",回原到数字 192653。

例三：

记忆任意几十位数字,方法同上,略。

练习:

记忆下列各组数字:

1. 6420114716978210818712 91　　2. 30885821935877578683 5340

3. 1697032937643281074327 89　　4. 2390813083296324874798 62

5. 1201472397828110882181 20　　6. 8630528715913879642205 28

7. 9199845814306847128852 47　　8. 2812550027793412305779 40

9. 5658471246969403129948 28　　10. 1232403724208736139213 65

通过上述的训练,再加上平时自己多补充一些练习,一段时间后就可以使自己的数字记忆速度提高到原来的五倍乃至十倍以上。

【迷津点拨】

数字编码备选表

下面是数字 0—100 的换字举例,你可以根据自己的实际情况修改,原则是容易联想,前后不能重复。同学们必须用一段时间把它们背得滚瓜烂熟。

0—苹果	00—自行车	000—三轮车
0000—汽车	00000—糖葫芦	01—冻鱼
02—铃儿	03—领赏	04—冻死
05—动武	06—冻肉	07—拎鸡
08—冬瓜	09—拎酒	1—衣
2—耳	3—山	4—的士
5—虎	6—鹿	7—棋
8—靶	9—地球	10—医院
11—筷子	12—鱼儿	13—雨伞
14—钥匙	15—鹦鹉	16—石榴
17—仪器	18—衣挂	19—一休
20—眼镜	21—鳄鱼	22—对联
23—梁山	24—暗室	25—二胡
26—二流子	27—安琪儿	28—鞍马
29—泥鳅	30—山洞	31—山药
32—扇儿	33—仙丹	34—山寺
35—孙悟空	36—山路	37—山鸡
38—鲜花	39—香蕉	40—司令
41—石碗	42—试卷儿	43—瓷砖
44—狮子	45—蜘蛛	46—石楼
47—司机	48—丝瓜	49—狮子狗
50—梧桐	51—五姨	52—武二郎

53—午餐	54—武士	55—呜呜哭
56—轱辘	57—手机	58—猪八戒
59—武警	60—柳林	61—楼梯
62—驴儿	63—庐山	64—老师
65—蜡烛	66—拉拉队	67—鸬鹚
68—喇叭	69—辣椒	70—麒麟
71—吃药	72—企鹅	73—旗杆
74—骑士	75—旗手	76—溪流
77—星星	78—青蛙	79—手球
80—百灵	81—白云	82—白鹅
83—赵本山	84—宝石	85—芭蕾舞
86—八路	87—妈妈	88—爸爸
89—白酒	90—蛟龙	91—旧椅
92—韭菜	93—金山	94—教室
95—酒壶	96—走路	97—香港
98—酒吧	99—舅舅	100—洗衣机

【思考】

你自己记哪些东西比较容易？对哪些知识又较难记住呢？

第五节　口诀记忆训练

【广角镜】

在非洲许多原始部落里,因为没有文字,所以部落之间的消息都要靠传消息的人负责把消息硬记下来,然后到另外部落再讲出来。由于部落之间距离比较遥远,往往要走上十天半个月才能到达。这些传消息的人为了不遗忘消息,就把所有的消息编成有押韵的歌谣来帮助记忆。这种把记忆内容根据其特点变成歌谣、民谣、顺口溜的形式来记忆的方法就是口诀记忆法,也称歌谣记忆法。口诀记忆法运用很广泛。例如大家熟知的九九乘法歌、英语字母歌、珠算口诀等。

《九九乘法歌诀》,又常称为"小九九"。现在学生学的"小九九"口诀,是从"一一得一"开始,到"九九八十一"止,而在古代,却是倒过来,从"九九八十一"起到"二二得四"止。因为口诀开头两个字是"九九",所以,人们就把它简称为"九九"。大约到 13、14 世纪的时候才倒过来像现在这样"一一得一……九九八十一"。

周恩来总理就是个记忆力极强的人,他对我国的省、市、自治区的情况极为熟悉。当年,周恩来曾把全国三十个省、市、自治区编成这样的歌诀:"两湖两广两河山,三江云贵吉福安,双宁四台天北上,新西黑蒙青陕甘。"

其中,第一句指湖南、湖北、广东、广西、河南、河北、山东、山西;第二句指江苏、浙江、江西、云南、贵州、吉林、福建、安徽;第三句指宁夏、辽宁、四川、台湾、天津、北京、上海;第四句指新疆、西藏、黑龙江、内蒙、青海、陕西、甘肃。

【七嘴八舌】

请问:你自己曾用过哪些口诀来帮助记忆?

【自我探秘】

你会编口诀记忆以下材料吗?

1. 用口诀法记忆实数的绝对值。

2. 用口诀法记忆标点符号。

3. 用口诀法记忆中国历史的朝代。

4. 用口诀法记忆年、月、日。

运用口诀记忆时,口诀要准确反映记忆材料。

参考口诀:

1. "正"本身,"负"相反,"0"为圈。

2.《标点符号记忆歌》

一句话说完,写上小圆圈(。句号)

句中有停顿,小圆点带尖(,逗号)

并列语句间,点个瓜子点(、顿号)

并列分句间,逗号顶圆点(;分号)

引用原话前,上下两圆点(:冒号)

疑惑或发问,耳朵坠耳环(? 问号)

命令或感叹,滴水下屋檐(! 感叹号)

引用特殊词,蝌蚪上下窜(""引号)

文中要解释,月牙分两边(()括号)

转折或注解,直线写后边(——破折号)

意思说不完,六点紧相连(……省略号)

强调词语句,字下加圆点(. 着重号)

书名要标明,四个硬角弯(《》书名号)

3. 盘古三皇五帝更,夏商周(西周、东周)秦两汉(西汉、东汉)成,蜀魏吴争晋(西晋、东晋)南北(南北朝),隋唐五代宋(辽、金)元明清。(注:三皇指伏羲、燧人、神农,五帝指黄帝、颛顼、帝喾、唐尧、虞舜。)

小秘诀:编口诀要求语言准确简练,念起来顺口,容易记忆,千万不能滥编,生搬硬凑编一些连自己也看不懂的口诀。

4. 口诀记忆年、月、日:

一、三、五、七、八、十、腊,

三十一天永不差,

四、六、九、冬三十整,

平年二月二十八,

闰年再把一天加。

【训练场】

编口诀的妙法①:编学习口诀就是把本身联系很少的材料,根据它的要点,采用各种方法编成便于记忆的口诀。口诀要求语言精练、句式整齐,化繁为简,变零乱为有序;口诀要求语言和谐、节奏鲜明、通俗易懂。编口诀的方法很多,主要有:

1. 歌谣法:把本身联系很少的材料编成"顺口溜",增加材料的趣味性和节奏感,便于记忆。如:

火线零线并排走,零线直接进灯头,火线接近保险盒,再过开关进灯头。

2. 罗列法:把材料加以选择,把关键词语列举出来。如《比喻歌》:

比喻打比方,生动又形象;明喻甲像乙,暗喻甲是乙;

---

① 清华.优秀中学生的14种记忆能力.延边大学出版社,2005.

见乙不见甲,借喻略本体;说乙再说甲,人们叫引喻。

3. 形象法:抓住材料中的事物的形象,编成便于记忆的口诀。如《拼音字母歌》:

6是玻(b),反6是(d),一门讷(n),二门摸(m),拐棍佛(f),伞把特(t);椅子喝(h),碰壁科(k),小棍赶猪勒勒勒(l)

4. 特征法:把握材料的特征,编成顺口的口诀。如:

横戌(xū)成点(shù)戊(wù)中空,左撇加提就是戎(róng)。闭口巳(sì),半开已(yǐ),全开是自己(jǐ)。

用口诀法记忆以下内容,请根据实际记忆时间和记忆效果给自己打分,看能不能通过口诀进行更快的记忆。

(1) 我国的七大古都及名胜

七大古都是北京,西安南京杭州城;河南洛阳和开封,安阳殷墟史料重。

北京故宫天安门,颐和园及八达岭。西安大小两雁塔,骊山华清池秦陵。

南京雨花台江桥,玄武湖和中山陵。杭州西湖双十景,灵隐寺与飞来峰。

洛阳龙门石窟精,白马少林寺著名。开封铁塔和龙亭,相国寺钟观音听。

(2) 中华民族名称

汉回蒙古,维吾尔藏。朝鲜哈尼,哈萨克壮。白傣景颇,傈僳拉牯。德昂普米,阿昌佤怒。独龙基诺,水满纳西。土家畲土,布朗布依。仡仡幺佬,毛南侗彝。门巴珞巴,高山京黎。撒拉裕固,达斡尔羌。柯尔克孜,保安东乡。乌兹别克,塔吉克苗,锡伯赫哲,塔塔尔瑶。有鄂温克,与鄂伦春。加俄罗斯,全记在心。

(3) 中国的十五个邻国

北面俄蒙古,朝鲜在东边。西北哈吉塔,三个皆斯坦。

西边巴和基,还有阿富汗。印尼锡不丹,四国在西南。

南方三国家,老缅和越南。

(4) 中国历史朝代

夏商周秦西东汉,三国两晋南北朝,隋唐五代及两宋,元明以后是清朝。

【迷津点拨】

如一年二十四节气有立春、雨水、惊蛰、春分、清明、谷雨、立夏、小满、芒种、夏至、小暑、大暑、立秋、处暑、白露、秋分、寒露、霜降、立冬、小雪、大雪、冬至、小寒、大寒。

每个节气间隔半个月。一般地说,在7月以前,每个月里面的两个节气,一个在6日,一个在21日;在7月以后,每个月里面的两个节气,一个在8日,一个在23日,可能有一两天的出入。这样多的内容怎么记住呢? 如果把它编成口诀,那就容易记忆多了。

二十四节气歌

春雨惊春清谷天,夏满芒夏暑相连;

秋处露秋寒霜降,冬雪雪冬小大寒。

上半年为六、二一,下半年为八、二三;

每月两节不更变,最多相差一两天。

瞧,口诀基本包含了所在记忆的内容。这样,记忆起来就方便多了。

【思考】

每个学科中的一些知识,都可以自编口诀来帮助记忆,你可试过?

第六节 词语串联记忆训练

【广角镜】

在美国,有位记忆研究专家哈瑞·洛雷因有非常的记忆本领。有一次朋友拿一副扑克牌洗过后摊在他面前让他看了 30 秒就把牌按顺序隆起,问他:"第 25 张牌是什么?"洛雷因:"黑桃 5。"朋友决定换一种方式提问:"梅花 7 是在哪个位置?"洛雷因马上回答:"在第 24 张。"朋友虽然对洛雷因的记忆力有所了解,但是不免十分惊讶地问:"哈瑞,你是怎样记忆它们的?""用串联记忆法。"洛雷因从容地答道。

【七嘴八舌】

人类的串联力有种种形式,最奇怪的联想,在日本有所谓"一刮风木桶店就赚钱"的说法。你知道是为什么吗?

(参考答案:刮风——尘扬——行人闭眼睛——成为瞎子——靠弹三弦生活的人增多——做三弦皮的猫被杀——猫死鼠增——鼠多咬桶——结果木桶销路大增。)

【自我探秘】

串联记忆两个词语。要想快速记住这些毫不相关的词语,就要充分发挥你的想象力,把这些词语串联在一起。想象得越新奇,效果越好。想象的时候一定要在头脑中形成鲜明的物象。

示范:记忆下面每组两个词语。

1. 自行车——啤酒瓶

串联:在一排啤酒瓶子上面骑自行车。

2. 水龙头——樱桃

串联:水龙头里流出樱桃。

3. 山——书包

串联:山顶上放着一个书包。

4. 月亮——秋千

串联:在月亮上打秋千。

5. 猪八戒——真理

串联:猪八戒用针扎李子。

回忆:

自行车——(   )　　　　　　真理——(   )

水龙头——(   )　　　　　　秋千——(   )

山——(　　)　　　　　　　　书包——(　　)

月亮——(　　)　　　　　　　樱桃——(　　)

猪八戒——(　　)　　　　　　啤酒瓶——(　　)

如果某个词语不好串联,可以用某个形象来代替,如:"真理"想象成"用针扎李子"。有些词语的意思相同或相近,记忆时容易发生混淆。为了准确地记住这些词语,记忆时可以对这词语进行加工,如"狂风暴雨"和"倾盆大雨",记"狂风暴雨"时想象大雨中有一只蜜蜂被雨点打得晕头转向,记忆"倾盆大雨"时想象大雨中有一个脸盆,被雨点打得发出"当当"的响声。

【训练场】

(一) 把下面两个词串联起来,然后遮住一个回忆另一个。

电风扇——乒乓球　　　　　　鱼缸——小猫

柳树——苹果　　　　　　　　月亮——立交桥

彩电塔——爬山虎　　　　　　针——菜刀

日光灯——秋千　　　　　　　金丝猴——电视机

梳子——钢锯　　　　　　　　孙悟空——斗牛

骏马——衣服　　　　　　　　钢笔——钟

扫帚——鲤鱼　　　　　　　　按钮——石榴

西瓜——葡萄　　　　　　　　足球——医院

帽子——香蕉　　　　　　　　猫头鹰——隐形眼镜

老虎——超市　　　　　　　　蚊子——注射器

蜘蛛——划船　　　　　　　　头发——森林

田鼠——雪茄　　　　　　　　显微镜——鲸鱼

(二) 串联记忆三个词语

1. 示范：记忆下面每组三个词语。

(1) 教学楼——飞碟——月亮

串联：教学楼跨上飞碟,驾驶飞碟向月亮飞去。

(2) 蚯蚓——电话——面条

串联：蚯蚓从电话听筒钻入,从话筒里挤出面条。

(3) 足球——火车——算盘

串联：足球代替了火车的轮子在飞转,而火车正行驶在算盘式轨道上。

(4) 樱桃番茄——机枪——花生米

串联：把樱桃番茄当作子弹塞进机枪里,从机枪里打出了一粒粒花生米。

(5) 火柴——手电筒——闪电

串联：把火柴装进手电筒,手电筒射出闪电。

(三) 想象奇特、物象鲜明是串联记忆法的窍门,联想时可以采用以下几种方法：

1. 动态法：让静止的事物动起来。例如：想象教学楼跨上飞碟。

2. 代用法：用一种事物代替另一种事物。例如：用足球代替火车轮子,用樱桃番茄代替子弹,用火柴代替电池,用樱桃代替自来水。

3. 夸张法:把某事物夸大或缩小。例如:想象山上放着一个很大很大的书包。钢笔里跑出一头黄牛,把大象装进冰箱。

4. 无中生有:想象根本就不可能发生的事情。例如:在月亮上荡秋千,猪八戒用针扎李子。

从前向后回忆:

教学楼——(　　　　)——(　　　　)

蚯　蚓——(　　　　)——(　　　　)

足　球——(　　　　)——(　　　　)

樱桃番茄——(　　　　)——(　　　　)

火　柴——(　　　　)——(　　　　)

从后向前回忆:

闪　电——(　　　　)——(　　　　)

花生米——(　　　　)——(　　　　)

算　盘——(　　　　)——(　　　　)

面　条——(　　　　)——(　　　　)

月　亮——(　　　　)——(　　　　)

练习:

把下面每组三个词语串联起来,然后从前向后回忆,再从后向前回忆。

小猫——雪地——梅花

河马——马路——铁链

大山——桌子——火炭

大象——草原——鞭炮

长颈鹿——闪光球——闪电

战马——黑板——鲜花

大炮——苹果——狗熊

野牛——火车——受伤

手表——西瓜——滑梯

董浩叔叔——飞毛腿导弹——彗星

机器人——阳台——足球

雷锋——一休——溜溜球

轿车——彩虹——天鹅

唐僧——随身听——迪斯科

蝙蝠——手机——苍蝇

爸爸——舍己为人——电冰箱

坐井观天——刻舟求剑——爱不释手

惊弓之鸟——胸有成竹——点石成金

三头六臂——百战百胜——洋洋得意

千里迢迢——掩耳盗铃——贻笑大方

(四) 串联记忆多个词语。

示范：记忆下面二十个词语。

西瓜	钢笔	黄牛	电视机	红领巾
蜜蜂	山峰	脸盆	灯泡	玉米
公鸡	松树	桃子	大炮	泡泡糖
鲸鱼	气垫船	长城	小头爸爸	太极拳

联想：切开西瓜，看见西瓜里面有很多钢笔，拧开钢笔，从里面跑出一头黄牛，黄牛撞坏了一台电视机，从电视机里取出一条红领巾，红领巾上落着一只蜜蜂，蜜蜂飞向山峰，山峰坐在一个脸盆里，脸盆下面压着一个灯泡，灯泡里有一穗玉米，玉米被公鸡偷吃了，公鸡飞上了一棵松树，松树上结满了桃子，把桃子装进大炮，大炮打出泡泡糖，泡泡糖落在鲸鱼嘴里，鲸鱼开着气垫船来到长城上，看见小头爸爸在打太极拳。

从头到尾回忆：西瓜……

从尾到头回忆：太极拳……

用串联法可以一口气记住几十个甚至上百个毫不相关的词语，训练时要注意以下几个方面：

1. 开头必须记牢。记一系列词语，记住第一个词语非常关键。为防止遗忘，可以把第一个词语与自己联系起来，如：第一个词语是"西瓜"，就想象自己吃西瓜。

2. 想象必须大胆。想象时要充分发挥想象力，大胆地联想。联想越奇特，越可笑，效果越好，如：想象在月亮上荡秋千，唐僧在跳迪斯科。

3. 联想不要重复。联想时千万不要重复，形成事物之间的联想只是一瞬间的事情，要相信自己的创造能力。

4. 物象必须鲜明。要想印象深刻，物象必须鲜明。如：记忆鲨鱼和男孩，如果想成在大海里鲨鱼追男孩印象未必深刻。如果像下面这样想，印象就会深刻，不会忘记：大海里，男孩发出叫喊声，拼命地游泳逃走，后面的大鲨鱼张着大嘴追上来，用钢铁般的嘴咬了男孩一口，男孩的一只脚被咬掉，身体流出鲜血，染红了海面，鲨鱼将咬掉的脚很快吞入肚内，然后又展开第二次追击，想咬掉男孩的另一只脚。

练习：

用串联法记忆下列词语，然后从头背到尾，再从尾背到头。

第1组：飞机　大树　信封　耳环　水桶　唱歌　篮球　香肠　猩猩　鼻子　手榴弹　微波炉　鸡蛋　汽车　学校

第2组：火车　河流　风筝　大炮　香瓜　黄狗　闪电　高速公路　柳树　山楂　鸽子　西服　电线杆广告　陨石　雨伞　桃花　蜜蜂　水桶

第3组：啤酒　玻璃　蓝天　彩虹　秋千　鹦鹉　鲜花　方便面　海象　操场　鞭炮　白菜　萨克斯　原子　印章　明信片　银行　矿泉水　狮子　草原　火腿肠　暴风雨

第4组：杨树　黄河　足球场　潜水镜　高楼　大象　卡车　报纸　大火　按钮　巨人　小鬼　轮船　泰山　金鱼　白云　山羊　大雪　田野　乒乓球　燕子　教室　孙悟空　电脑　飞机　诸葛亮　对联　故宫　大头儿子　娃哈哈钙奶

【迷津点拨】

英语单词编码联想记忆

26 个英文字母编码

象形码		谐音、拼音码
A——火箭、金字塔	a——海军帽	
B——耳朵	b——瓢	笔、被、逼
C——小锅	c——舞台、小洞	喜、西
D——弓	d——豆芽、大肚子	弟、低、底、的
E——梳子	e——眼睛	姨、衣、鹅
F——扳手	f——大刀	父
G——镰刀	g——眼镜	鸡、哥
H——河	h——椅子	须、鼠、去、出、喝
I——螺钉	i——人	爱
J——钩子	j——钩子	姐
K——机枪	k——机枪	客
L——锄头	l——棒、棍	哩
M——山峰	m——麦当劳	魔、摸、马
N——(无)	n——门	泥、你、尼
O——圆、太阳、蛋	o——(同左)	哦
P——旗	p——旗	皮
Q——气球	q——球拍	妻
R——幼苗、鸭、鸟	r——(同左)	啊
S——蛇	s——蛇	是、狮、死、诗
T——手杖	t——伞把	踢、题、提、体
U——杯子	u——杯子	有、油
V——子弹、山谷	v——(同左)	(无)
W——灯泡、钨丝	w——(同左)	屋、乌
X——剪刀、钳子	x——(同左)	(无)
Y——叉子	y——叉子	歪、坏
Z——楼梯	z——楼梯	贼、责

英语单词编码举例:

bat——蝙蝠

我被(b)一只(a)蝙蝠提(t)到空中。

debt——债、债务

债务得(de)用鼻涕(bt)还。

gift——礼物

鸡(g)是否(if)提(t)礼物来?

mass——一团

妈(ma)和两条蛇(ss)抱成一团。

【思考】

你是如何记忆英语单词的?把你觉得较好的记忆方法与同学们分享一下可以吗?

第七节 复习巩固记忆训练

【广角镜】

记忆的规律

1. 遗忘的先快后慢规律。

时 间 间 隔	记 忆 量
刚刚记忆完毕	100%
20分钟之后	58.2%
1小时之后	44.2%
8—9个小时后	35.8%
1天后	33.7%
2天后	27.8%
6天后	25.4%
一个月后	21.1%

【七嘴八舌】

回忆自己记忆材料时,多少时间忘了多少?

【自我探秘】

测试你的短时记忆能力。在20秒之内消除所有的纸牌。一次只能翻开两张纸牌,相同的纸牌会消除。

【训练场】

数字记忆游戏

1. 播放音乐《舒伯特小夜曲》。

2. 感官训练:下面是两幅著名的双关画,他们看上去像什么?

图1

图2

参考答案:图1中的两个主题是楼梯从左下到右上,或者倒过来看从右下到左上;图2中的两个主题是兔子和鸭子。

3. 游戏开始:

(1) 出示一些数字:63222881　13631286657　436203

如何记忆,记得更快、更牢固?相信大家都有一个适合自己的记忆方法,先不要说出来,下面进行本单元的第二环节,记忆 20 个数字,仅用 2 分钟。

出示数字:89420850816854 3067217

(2) 记忆方法展示:

① 死记;

② 分开记　894　208　508　168　…;

③ 数字中含有计算　42+08=50。

我有更好的! 我注意到数字含有对称性,像 8168 中的两个 8、7217 中的两个 7,隔 2 个数字又出现了。

我看到数字中的顺序和逆序,像 89　543　67　21

计算美、对称美、顺序美、逆序美(特征记忆法)

1 像小棍细又长;	2 像鸭子水上漂;
3 像耳朵听声音;	4 像红旗迎风飘;
5 像秤杆来买菜;	6 像豆芽出水上;
7 像镰刀割青草;	8 像麻花扭一匝;
9 像小勺来盛饭;	10 像鸡蛋打蛋糕。

编故事(谐音记忆法):爸爸(8)用勺子(9)把鸭食(4)喂给了鸭子(2),于是鸭子下了一个蛋(0),爸爸(8)给了我(吾 5)一蛋(0),爸爸(8)要(1)了六(6)个蛋。后来爸爸(8)和我(5)买了些鸭食(4)喂给了 30 只鸭子,又下了 67 个,可它们还要(1)吃(7)。

4. 音乐响起:《春江花月夜》。(略低,为调整状态,激发热情)

推出题目:甲　6138540137

乙　112451352010　(2分钟,记对一个得 5 分)

甲组:奶奶的年龄正好是 61 岁,我家地址正好是 38 号楼 5 单元 401 室,我的鞋码是 37 码。

乙组:足球比赛 11 个人;踢 2 场球(主场、客场);每半场 45 分钟;争一个球(对极了);比赛完没有结果,加赛 3 分钟;仍然没有结果,点球决一雌雄! 共点 5 个,主场一方进 2,客场一方进 0,于是最终主场一方以 1:0 险胜! (采用故事记忆法)

【迷津点拨】

艾宾浩斯根据遗忘数据比例描绘出了一条曲线,这就是非常著名的揭示遗忘规律的曲线:艾宾浩斯遗忘曲线。图中竖轴表示学习中记住的知识数量,横轴表示时间(天数),曲线表示记忆量变化的规律。

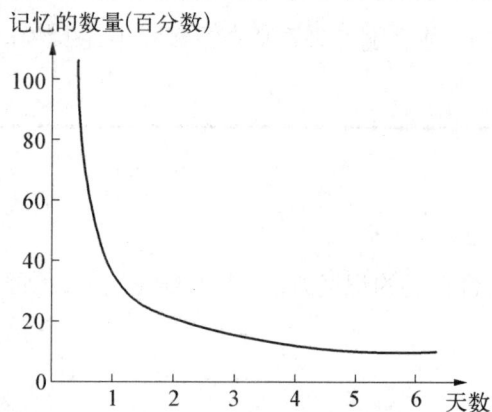

记忆的数量(百分数)

艾宾浩斯遗忘曲线

这条曲线告诉人们,在学习中的遗忘是有规律的,遗忘的进程不是均衡的,不是固定的一天丢掉几个,转天又丢几个的,而是在记忆的最初阶段遗忘的速度很快,后来就逐渐减慢了,到了相当长的时候后,几乎就不再遗忘了,这就是遗忘的发展规律,即"先快后慢"的原则。观察这条遗忘曲线,你会发现,学得的知识在一天后,如不抓紧复习,就只剩下原来的25%。随着时间的推移,遗忘的速度减慢,遗忘的数量也就减少。有人做过一个实验,两组学生学习一段课文,甲组在学习后不久进行一次复习,乙组不予复习,一天后甲组保持98%,乙组保持56%;一周后甲组保持83%,乙组保持33%。乙组的遗忘平均值比甲组高。

为了防止遗忘,我们应及时地进行复习,而且复习的频率要先密集、后稀疏。记忆的最好方法是复习,没有复习谈记忆,简直是纸上谈兵,众多实验证明(如艾宾浩斯的遗言曲线),人们背记东西时,最初一两天会遗忘掉大部分内容,这以后遗忘的速度就减慢下来。

针对这种规律,我们记东西时,必须及早复习,这样才能把所记的东西记牢,准确地掌握。八次巩固复习法非常有效:

第一次,20分钟后把学过的知识回忆一遍;

第二次,1小时后再把所学的知识回忆一遍;

第三次,8—9小时后,再把所学的知识回忆一遍;

第四次,1天后,把所学的知识回忆一遍;

第五次,2天后,把所有的学习内容回忆一遍;

第六次,6天后,把一周所学的内容回忆一遍;

第七次,1个月后,把一个月所学的内容回忆一遍;

第八次,1年以后,把所学的知识回忆一遍。

坚持去做,就能体会到巩固复习是记忆的最好方法。

【思考】

"学而时习之"是说的什么道理?

第八节　音乐记忆训练

【广角镜】

美国科学家解开莫扎特音乐能增加记忆力之谜①

　　莫扎特的音乐能提高人的学习和记忆能力,这种现象被称为"莫扎特效应"。它的科学原理在哪里? 发现这一效应的美国科学家最近宣布,他们发现了其中的分子基础。

　　1993 年,美国威斯康星奥什科什大学的神经科学家罗谢等人发现,大学生听 10 分钟的莫扎特《D 大调双钢琴奏鸣曲》后,在空间推理测试中的得分有明显的提高。这一发现激起了公众对莫扎特音乐的热情,但一些科学家对此表示怀疑。

　　据英国《新科学家》杂志网站报道,罗谢及其合作者最近在旧金山举行的认知神经学研讨会上说,莫扎特奏鸣曲也能提高大鼠的学习和记忆能力。他们在新研究中发现,听了莫扎特奏鸣曲的大鼠,其大脑海马区内刺激和改变脑细胞联系几种基因的活跃水平有明显提高。

　　这些基因分别负责生成一种神经生长素、一种与学习和记忆有关的化学物质以及一种神经突触生长蛋白质。研究人员希望,这一发现有助于为阿尔茨海默氏症和其他神经退化疾病的患者设计音乐疗法。

　　莫扎特音乐已在临床上应用。阿尔茨海默氏症患者在听了莫扎特奏鸣曲后,其空间推理和社交能力有明显的提高。莫扎特音乐还被发现能缓解严重癫痫患者疾病发作的症状,而其他音乐却不能。

【七嘴八舌】

　　你觉得音乐对记忆力有好处吗? 你有亲身体会吗?

【自我探秘】

　　莫扎特的第四十交响曲,学生谈谈感受。

【训练场】

　　聆听莫扎特:交响曲《第三十九》、《第四十一》。

【迷津点拨】

　　训练记忆的音乐名单:

---

　　① 摘自http://hi. baidu. com/bluegreed/blog/item/2df281fae57f468f9f5146ca. html

《花之歌》(门德尔松)、《小提琴协奏曲》(门德尔松)、《巴洛克音乐集锦》、《皮尔金组曲——清晨》(葛里格)、《月光曲》(德彪西)、《梦幻曲》(舒曼)、《G 弦之歌》(巴赫)、《蓝色多瑙河》(约翰·施特劳斯)。

【思考】

边听音乐边读书的方法可取吗?

第九节 其他记忆技巧

【广角镜】

增强记忆的十种方法①

1. 注意力集中。记忆时只要聚精会神、专心致志,排除杂念和外界干扰,大脑皮层就会留下深刻的记忆痕迹而不易遗忘。如果精神涣散,一心二用,就会大大降低记忆效率。

2. 兴趣浓厚。如果对学习材料、知识对象索然无味,即使花再多时间,也难以记住。

3. 理解记忆。理解是记忆的基础。只有理解的东西才能记得牢、记得久。仅靠死记硬背,则不容易记住。对于重要的学习内容,如能做到理解和背诵相结合,记忆效果会更好。

4. 过度学习。即在记住学习材料的基础上,多记几遍,达到熟记、牢记的程度。过度学习的最佳程度是 150%。

5. 及时复习。遗忘的速度是先快后慢。对刚学过的知识,趁热打铁,及时温习巩固,是强化记忆痕迹、防止遗忘的有效手段。

6. 经常回忆。学习时,不断进行尝试回忆,可使记忆错误得到纠正,遗漏得到弥补,使学习内容难点记得更牢。闲暇时经常回忆过去识记的对象,也能避免遗忘。

7. 读、想、视、听相结合。可以同时利用语言功能和视听觉器官的功能,来强化记忆,提高记忆效率,比单一默读效果好得多。

8. 运用多种记忆手段。根据情况,灵活运用分类记忆、特点记忆、谐音记忆、争论记忆、联想记忆、趣味记忆、图表记忆、缩短记忆及编提纲、做笔记、卡片等记忆方法,均能增强记忆力。

9. 掌握最佳记忆时间。一般来说,上午 9—11 时、下午 3—4 时、晚上 7—10 时为最佳记忆时间。利用上述时间记忆难记的学习材料,效果较好。

10. 科学用脑。在保证营养、积极休息、进行体育锻炼等保养大脑的基础上,科学用脑,防止过度疲劳,保持积极乐观的情绪,能大大提高大脑的工作效率,这是提高记忆力的关键。

【七嘴八舌】

你认为以上方法科学吗? 你已经用过哪几种?

【自我探秘】

词组记忆游戏

出示题目:顺序记忆以下 5 个词组。

---

① 摘自 http://tieba.baidu.com/f? kz=276097132

鞋油、运动鞋、稿纸、牛奶、玫瑰花

要求:30秒记概念,强调顺序! 顺序不对不得分。

联想一:早晨起来,迷迷糊糊去刷牙,一不留神竟把<u>鞋油</u>涂到牙刷上,幸亏发现得早,要不然,倒霉可就大了! 牙刷是不能再用了。扔掉它,怪可惜的,总想找个法补偿补偿。咦,何不用它去刷<u>运动鞋</u>,再用<u>稿纸</u>涂匀;该喝<u>牛奶</u>了,别忘了,给生病的王老师买一束<u>玫瑰花</u>。

联想二:把<u>鞋油</u>挤进<u>运动鞋</u>(孩子们最爱做的恶作剧),再用<u>稿纸</u>涂鸦(坏上加坏),用<u>牛奶</u>浇<u>玫瑰花</u>(奢侈极了)! (括号内为教师加的题注)

出示题目:2分钟记20个毫不相干的词组,而且要求顺序!

蛋　椅子　菠萝　犀牛　套装　录音机　裤子　水龙头　香水　吊床

书架　箱子　杯子　牙膏　玻璃杯

写字台　杂志　窗户　游泳裤　磁盘

评分标准:第一行记住一个得3分;在记对第一行的基础上,每记住第二行的一个词组,另加4分;在记住第一、二行的基础上,每记住第三行的一个词组,另加10分;全部记住的加100分。

【迷津点拨】

有益增强记忆力的食物

1. 牛奶。牛奶富含蛋白质、钙及大脑必需的维生素 B_1、氨基酸。牛奶中的钙最易吸收。用脑过度或失眠时,一杯热牛奶有助入睡。

2. 鸡蛋。鸡蛋被营养学家称为完全蛋白质模式,人体吸收率为99.7%。正常人每天一个鸡蛋即可满足需要。记忆力衰退的人每天吃5—6个,可有效改善记忆(不适宜胆固醇高的人)。孩子从小适当吃鸡蛋,有益发展记忆力;特别是蛋黄,蛋黄中含有卵磷脂、钙等脑细胞所必需的营养物质,可增强大脑活力。

3. 鱼类。鱼类可以向大脑提供优质蛋白质和钙。淡水鱼所含的脂肪酸多为不饱和脂肪酸,能保护脑血管,对大脑细胞活动有促进作用。

4. 贝类。碳水化合物及脂肪含量非常低,几乎是纯蛋白质,可以快速供给大脑大量的氨基酸。因此可以大大激发大脑能量、提高情绪以及提高大脑功能。以贝类作开胃菜,能最快地提高脑力。但是,贝类比鱼类更容易积聚海洋里的毒素和污染物质。

5. 味精。味精的主要成分是谷氨酸钠,是参加脑代谢的唯一氨基酸,会增加脑内乙酰胆碱,能促进智力发育,维持和改进大脑机能,改善记忆力。

6. 花生。花生等坚果富含卵磷脂,常食能改善血液循环、抑制血小板凝集、防止脑血栓形成,可延缓脑功能衰退、增强记忆、延缓衰老,是名符其实的"长生果"。

7. 小米。小米所含维生素 B_1 和 B_2 高于大米1—15倍。临床观察发现,吃小米有益于脑的保健,可防止衰老。

8. 玉米。玉米胚中富含多种不饱和脂肪酸,有保护脑血管和降血脂作用。谷氨酸含量较高,能促进脑细胞代谢,具有健脑作用。

9. 黄花菜。黄花菜可以安神解郁,但不宜生吃或单炒,以免中毒,以干品和煮熟吃为好。

10. 辣椒。维生素C含量居蔬菜之首,胡萝卜素和维生素含量也很丰富。辣椒所含的辣椒碱能刺激味觉、增加食欲、促进大脑血液循环。"辣"味还是刺激人体内追求事业成功的激素,使人精力充沛,思维活跃。生吃效果更好。

11. 菠菜。含丰富的维生素A、C、B_1和B_2,是脑细胞代谢的最佳供给者之一。它还含有大量叶绿素,也具有健脑益智作用。

12. 橘类。橘子、柠檬、广柑、柚子等含有大量维生素A、B_1和C,属典型的碱性食物,可以消除大量酸性食物对神经系统造成的危害。考试期间适量吃些橘子,能使人精力充沛。

13. 菠萝。菠萝含丰富维生素C和微量元素锰,而且热量少,常吃有生津提神、提高记忆力的作用。

14. 胡萝卜。胡萝卜可以刺激大脑物质交换,减轻背痛的压力。

15. 油梨。油梨含大量的油酸,是短期记忆的能量来源。正常人每天半个油梨即可。

16. 藻。藻类含有丰富的叶绿素、维生素、矿物质、蛋白质,可以改善记忆力和注意力。

17. 卷心菜:卷心菜富含维生素B,能预防大脑疲劳。

18. 大豆:大豆含有卵磷脂和丰富的蛋白质,每天食用适量的大豆或豆制品,可增强记忆力。

19. 木耳:木耳含有蛋白质、脂肪、多糖类、矿物质、维生素等多种营养成分,为补脑佳品。

20. 杏子:杏子含有丰富的维生素A、C,可有效地改善血液循环,保证脑供血充足,有利于大脑。

【思考】

你经常吃哪些有益于记忆的食物呢?

第五章

思维盛宴

第一节　探索你的思维

【广角镜】

司马光砸缸

　　有一件事使小司马光名满九州。有一次,他跟小伙伴们在后院里玩耍。院子里有一口大水缸,有个小孩爬到缸沿上玩,一不小心掉到缸里。缸大水深,眼看那孩子快要没顶了。别的孩子们一见出了事,吓得边哭边喊,跑到外面向大人求救。司马光却急中生智,从地上捡起一块大石头,使劲向水缸砸去,"砰!"水缸破了,缸里的水流了出来,被淹在水里的小孩也得救了。小小的司马光遇事沉着冷静,从小就是一副小大人模样。这就是流传至今"司马光砸缸"的故事。这件偶然事件使小司马光出了名,东京和洛阳有人把这件事画成图画。

【七嘴八舌】

　　"司马光砸缸"的故事为什么广泛流传?如果你今后遇到难题该怎么办呢?

【自我探秘】

司马光有这样出众的思维能力,你有吗?想知道吗?那么,测一测吧。

本测验是测非常思维的,共有 17 道,每道题都有一定的时间限制,请在规定的时间内做答,规定时间一到,请立即做下一题。

1. 王林的妻子生下一个可爱的小宝宝,医生检查后说婴儿一切正常,但婴儿却只有一只左耳,为什么?(时间:30 秒)

2. 某中学办理新生入学手续时,有两个孩子来报名。他俩外表一模一样,出生年月日一样,父母姓名也一样。老师问他们:"你们是双胞胎吧?"他们异口同声地回答:"不是!"老师奇怪了,不是双胞胎那又是什么关系呢?(时间:30 秒)

3. 妈妈给张扬买了一双新袜子,张扬还没打开袜子,突然说:"妈,这袜子有一个洞。"妈妈一愣,答道:"是的。"刚买的袜子为什么会有个洞?(时间:30 秒)

4. 河边一棵树,树底下一匹马,它被主人用三米长的绳了拴住了。一会儿,主人拿着饲料来了,他把饲料放在离树四米远的地方,坐在一边抽烟去了。可是,没多会儿,马就把饲料吃完了。当然绳子很结实,没有断,也没有人解开它。你说,这马是怎么吃到饲料的?(时间:3 分钟)

5. 你用左手写字还是用右手写字?(时间:30 秒)

6. 桌上放着一只盛满咖啡的杯子,小李解手表时不当心把手表掉进去了,小李的手表是不防水的,还好,拿出来时手表上一点没沾水,这是什么道理呢?(时间:30 秒)

7. 汤姆是黑人,他的妻子是白人,他们刚出生的孩子的牙会是什么颜色?(时间:30 秒)

8. 一天晚上,老王和儿子在书房看书,突然断电了,儿子忙着去找蜡烛,可这时老王仍然津津有味地读着书,他难道有"特异功能"吗?(时间:30 秒)

9. 天上没星星,更没有月亮。一辆没打开车灯的汽车,飞驰在一条漆黑的公路上。突然"嘎"的一声,汽车刹住了。司机跳下车,把横在路上的一匹黑布捡上了车,又开车驶去。汽车司机是如何发现公路上有匹黑布的?(时间:30 秒)

10. 李涛、杨华、张东在操场跑步,李涛的速度是每小时 40 公里,杨华的速度是每小时 30 公里,张东的速度是每小时 20 公里,他们的速度是不变的。在某一时刻他们相遇了,在 2 分钟后他们又相遇了,为什么?(时间:30 秒)

11. 请用 6 根火柴摆出 4 个三角形来。(时间:3 分钟)

12. 两人抬着一个煤气罐上楼,后边的那人是前边那人的儿子,但前边的那人却不是后边那人的父亲,这两人是什么关系?(时间:30 秒钟)

13. 车祸发生不久,一批警察和救护人员就赶到了现场,他们发现司机没有受伤,翻覆的车子内外血迹斑斑,却没有见到死者和伤者。为什么?(时间:1 分钟)

14. 电灯开关,拉一次,灯亮,再拉一次,灯灭,你能否做到连拉两次使灯不亮?(时间:30 秒)

15. 在一偏僻山村里住着一位身高 2 米的农民,他这辈子从未离开过山村,惊讶极了,对外乡人说:"这是我有生以来头一次见到比我高的人。"那位外乡人听了后说:"不,绝对不可能。"请问高个子先生为什么会如此肯定地说不可能呢?(时间:30 秒)

16. 体育课上,体育老师打算玩一种游戏,他让班长将班上的 24 个人排成 6 列,每 5 个人为一

列,班长不知该怎么排,请你帮他一下。(时间:3分钟)

17. 从前有个国王,他有一位美丽的女儿准备招驸马,有一位姓古的王子和一位姓司马的王子前来求亲。国王召见了他们,对他们说:"你们赛马跑到海港里的绿洲去吧。谁的马胜了,我就把女儿嫁给他。但这次不是比快,而是比慢,我到绿洲去等你们,看谁的马到得迟。"两个王子照着国王的话,骑着各自的马开始慢慢吞吞地赛马了。可是在沙漠里慢吞吞地走怎么受得了啊!正当两人痛苦地下马休息时,古王子突然想到了一个好办法,等司马王子醒悟过来后已经来不及了,古王子终于赢得了这场比赛。请问古王子想到的是什么办法?(时间:3分钟)

在前面的17道题中:

如果你不能做对一半时间限制为30秒钟的题,那在日常生活中,当你面临问题时,你通常采用旧有的方法去解决,旧有的方法难以解决时,你的思维往往会走进"死胡同"。

如果你能做对一半时间限制为30秒钟的题,说明你已具有一定的非常规思维能力。对生活中常见的问题你按照已掌握的方法去做;而当已有的方法不能解决时,你能够从其他角度进行深入地思考。

如果你能做对所有时间限制为30秒钟的题,那你的非常规思维能力相当好;如果你还能做对时间限制为3分钟的题,那你的思维能力是极为优秀的。即使是生活中常见的现象,你也总爱从其他角度对它进行思考,在你的思维信念中,"与别人不同"是永恒存在的。

【迷津点拨】

前面我们对自己的思维能力有了一个大概的了解,那什么是思维呢?

思 维 是 什 么[1]?

- 思维是指高等动物及人类对事物反映和认识的能力。
- 思维对于人类来说有两种形式:(抽象)形式逻辑和(具体)辩证逻辑。
- 思维的定义:思维是人脑对客观现实的间接的、概括的反映,是认识的高级形式。它反映的是客观事物的本质属性和规律性的联系。
- 思维的主要特征:思维具有间接性和概括性。思维的间接性是指人们借助一定的媒介和知识经验对客观事物进行间接地认识。思维的概括性是指在大量感性材料的基础上,把一类事物共同的特征和规律抽取出来,加以概括。

表现在两个方面:第一,思维反映的是一类事物所共同的、本质的属性;第二,思维还可以反映事物的内部联系和规律。

【思考】

能干的人往往思维能力较强。他们看问题较全面,分析问题比较准确。那么,思维能力是天生就有的还是通过后天不断训练得来的呢?

---

[1] 刘金花. 儿童发展心理学(修订版). 华东师范大学出版社,2006.

第二节 创新思维训练

【广角镜】

海带与味精

海带既是一道好菜,又是一味良药,对甲状腺肿(即大脖子病)有较好的疗效;而味精则是人们在煮菜时所用的一种调味品。一个来自海边,一个出自工厂,两者看来有点风马牛不相及,何以扯为一谈?说来也怪,它们之间还有一段不可分割的亲缘史呢!

一天,日本帝国大学一名叫池田菊苗的化学教授,在回家吃菜喝汤时不觉一怔,连忙问妻子:"今天这碗汤怎么这样鲜美?"接着用勺在碗里搅动了几下,只发现汤里除了几片黄瓜以外,还有一点海带。他以科学家特有的机敏和兴趣,对海带进行了详细的化学分析。经过半年时间的研究,他发现海带中含有一种物质——谷氨酸钠,并给它取了一个雅致的名字——味精。后来他又进一步发明了用小麦、脱脂大豆为原料提取谷氨酸钠的办法,为味精的工厂化生产开拓了广阔的前景。

【七嘴八舌】

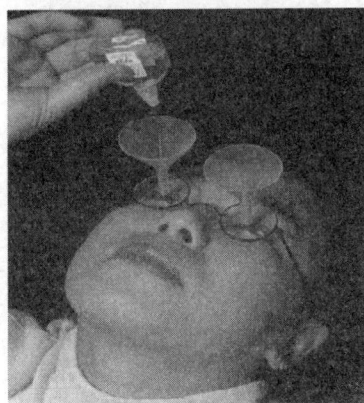
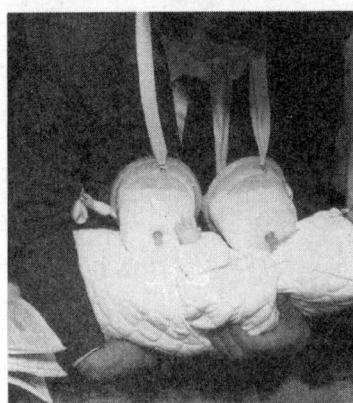

同学们你们看了以上图片有什么感想呢？他们的想法独特吗？你有类似的想法吗？

【自我探秘】

想知道你现在的创造能力吗？那来测一测吧。

创 造 力 测 试[①]

美国心理学家尤金·劳德赛设计了下面的测验题,并指出试验者只需10分钟左右的时间,就可测出自己的创造力水平。

试验时,只需在每一句话后面,用一个字母表示同意或不同意,同意的用A,不同意的用C,不清楚或吃不准的用B。回答必须准确、忠实。

(1) 我不做盲目的事,即我总是有的放矢,用正确的步骤来解决每一个具体问题。

(2) 我认为,只提出问题而不想获得答案,无疑是浪费时间。

(3) 无论什么事情要我发生兴趣,总比别人困难。

(4) 我认为合乎逻辑的、循序渐进的方法,是解决问题的最好方法。

(5) 有时,我在小组里发表的意见,似乎使一些人感到厌烦。

(6) 我花大量时间来考虑别人是怎样看我的。

(7) 我自认为是正确的事情,比力求博得别人的赞同要重要得多。

(8) 我不尊重那些做事似乎没有把握的人。

(9) 我需要的刺激和兴趣比别人多。

(10) 我知道如何在考验面前保持自己的内心镇静。

(11) 我能坚持很长一段时间来解决难题。

(12) 有时我对事情过于热心。

(13) 在特别无事可做时,我倒常常想出好主意。

(14) 解决问题时,我常单凭直觉来判断"正确"或"错误"。

(15) 解决问题时,我分析问题较快,而综合所收集的资料较慢。

(16) 有时我打破常规去做我原来并未想到要做的事。

(17) 我有搜集东西的癖好。

(18) 幻想促进了我许多重要计划的提出。

(19) 我喜欢客观而有理性的人。

(20) 如果我在本职工作之外的两种职业中选择一种,我宁愿当一个实际工作者,而不当探索者。

(21) 我能与我的同事或同行们很好地相处。

(22) 我有较高的审美感。

(23) 在我一生中,我一直在追求着名利和地位。

---

① 摘自http:// www. rc365. com/ceshi/ chuangzaoli/ test_ html

（24）我喜欢那些坚信自己结论的人。

（25）灵感与成功无关。

（26）争论时使我感到最高兴的是,原来与我观点不一致的人变成了我的朋友,即使牺牲我原先的观点也在所不惜。

（27）我更大的兴趣在于提出新建议,而不在于设法说服别人接受新建议。

（28）我乐意自己一个人整日"深思熟虑"。

（29）我往往避免做那种使我感到"低下"的工作。

（30）在评价资料时,我觉得资料的来源比其内容更为重要。

（31）我不满意那些不确定和不可预计的事。

（32）我喜欢一味苦干的人。

（33）一个人的自尊比得到别人敬慕更为重要。

（34）我觉得力求完美的人是不明智的。

（35）我宁愿和大家一起工作,而不愿意单独工作。

（36）我喜欢那种对别人产生影响的工作。

（37）在生活中,我常碰到不能用"正确"或"错误"来加以判断的问题。

（38）对我来说,"各得其所"、"各在其位"是很重要的。

（39）那些使用古怪和不常用语词的作家,纯粹是为了炫耀自己。

（40）许多人之所以感到苦恼,是因为他们把事情看得太认真了。

（41）即使遭到不幸、挫折和反对,我仍能对我的工作保持原来的精神状态和热情。

（42）想入非非的人是不切实际的。

（43）我对"我不知道的事"比"我知道的事"印象更深刻。

（44）我对"这可能是什么"比"这是什么"更感兴趣。

（45）我经常为自己在无意中说话伤人而闷闷不乐。

（46）纵使没有报答,我也乐意为新颖的想法花费大量时间。

（47）我认为"出主意无甚了不起"这种说法是中肯的。

（48）我不喜欢提出那种显得无知的问题。

（49）一旦任务在肩,即使受到挫折,我也要坚决完成。

（50）从下面描述人物性格的形容词中,挑选出10个你认为最能说明你性格的词。

精神饱满的	有说服力的	实事求是的
虚心的	观察敏锐的	谨慎的
束手无策的	足智多谋的	自高自大的
有主见的	有献身精神的	有独创性的
性急的	高效的	乐意助人的
坚强的	老练的	有克制力的
热情的	时髦的	自信的
不屈不挠的	有远见的	机灵的
好奇的	有组织力的	铁石心肠的

思路清晰的	脾气温顺的	爱预言的
拘泥形式的	不拘礼节的	有理解力的
有朝气的	严于律己的	精干的
讲实惠的	感觉灵敏的	无畏的
严格的	一丝不苟的	谦逊的
复杂的	漫不经心的	柔顺的
创新的	泰然自若的	渴求知识的
实干的	好交际的	善良的
孤独的	不满足的	易动感情的

答案：

	A	B	C		A	B	C		A	B	C
(1)	0	1	2	(18)	3	0	−1	(35)	0	1	2
(2)	0	1	2	(19)	0	1	2	(36)	1	2	3
(3)	4	1	0	(20)	0	1	2	(37)	2	1	0
(4)	−2	1	3	(21)	0	1	2	(38)	0	1	2
(5)	2	1	0	(22)	3	0	−1	(39)	1	0	2
(6)	−1	0	3	(23)	0	1	2	(40)	2	1	0
(7)	3	0	1	(24)	−1	0	2	(41)	3	1	0
(8)	0	1	2	(25)	0	1	3	(42)	−1	0	2
(9)	3	0	1	(26)	1	0	2	(43)	2	1	0
(10)	1	0	3	(27)	2	1	0	(44)	2	1	0
(11)	4	1	0	(28)	2	0	1	(45)	1	0	2
(12)	3	0	1	(29)	0	1	2	(46)	3	2	0
(13)	2	1	0	(30)	2	0	3	(47)	0	1	2
(14)	4	0	−2	(31)	0	1	2	(48)	0	1	3
(15)	1	0	2	(32)	0	1	2	(49)	3	1	0
(16)	2	1	0	(33)	3	0	1				
(17)	0	1	2	(34)	1	0	2				

(50) 下列每个形容词得 2 分：

精神饱满的	观察敏锐的	不屈不挠的
柔顺的	足智多谋的	有主见的
有献身精神的	有独创性的	感觉灵敏的
无畏的	创新的	好奇的
有朝气的	热情的	严于律己的

下列每个形容词得 1 分：

自信的	有远见的	不拘礼节的
一丝不苟的	虚心的	机灵的

坚强的

其余:得 0 分。

将分数累计起来,分数在:

110—140	创造力非凡	85—109	创造力很强
55—84	创造力强	30—54	创造力一般
15—29	创造力弱	—21—14	无创造力

【训练场】

一、根据当前感知到的事物、概念或现象,想到与之相关的事物、概念或现象的思维活动。

1. 相关联想

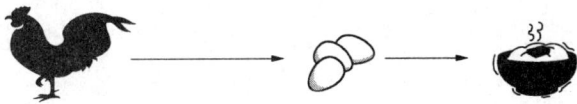

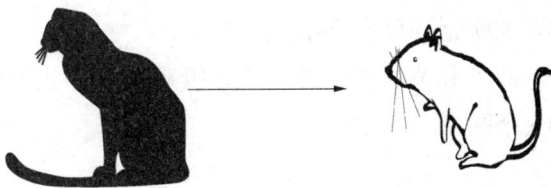

2. 相似联想

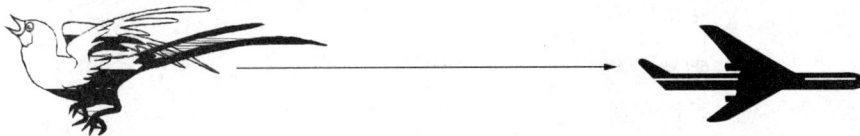

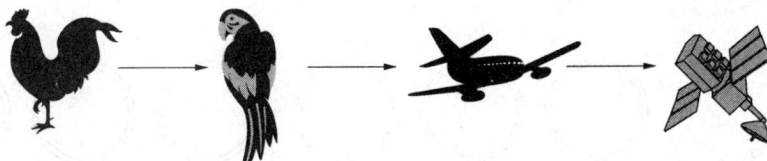

3. 类比联想

类比联想是由一类事物的规律或现象联想到其他类事物的规律或现象的思维活动。

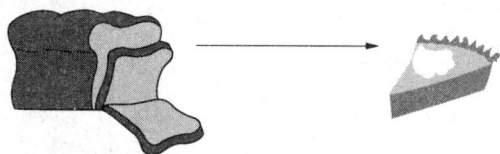

类比联想

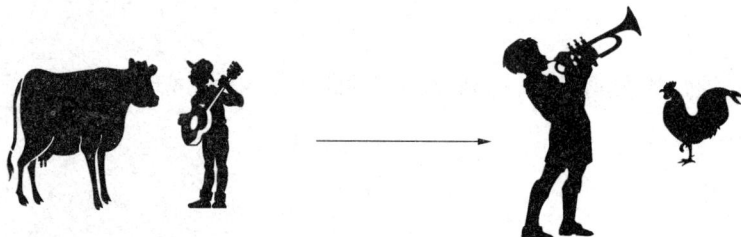

4. 对称联想

对称联想是由给定事物联想到在空间、时间、形状、特性等方面与之对称的事物的思维活动。

光明——黑暗

放大——缩小

船——潜艇

对称联想

5. 强迫联想

强迫联想是寻找任意两个事物的联系的思维活动。

前苏联曾有 200 多所发明学校,有一个学校在训练中,让学生在商品目录中随意抽出两张图片强迫联想。一个工人抽到的是自行车和电线杆,经过联想,发明了爬电线杆的自行车,使电工爬杆机械化。

(1) 自由联想训练:杯子——(　　)——(　　)……
(15 个联想词/1 分钟)

(2) 强迫联想训练:请分析鸡蛋和宇宙有哪些联系?
(10 个联系/3 分钟)

二、突破思维定势

1. 突破思维小测试

(1) **8** 的一半是什么?

思维定势
(习惯思维)

(2) 排成 2 行,每行 5 个圆环。

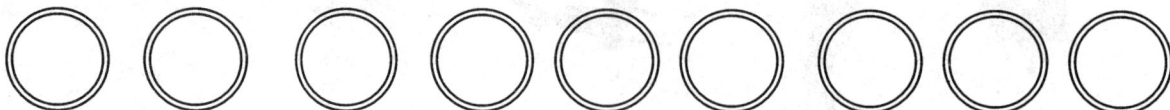

(3) 最多请用两笔,把各点连接起来。

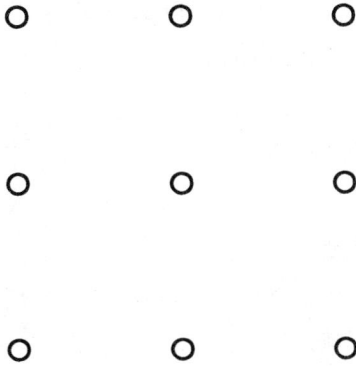

○　　　　○　　　　○

创造力测验

○　　　　○　　　　○

○　　　　○　　　　○

(4) 公司装上玻璃大门。关门后,有人看不清,撞到玻璃上,玻璃碎了,人也伤了。请你提出避免此类事情再次发生的方案。这是训练人们合理化建议的观察角度和能力。

2. 破除思维创新的枷锁

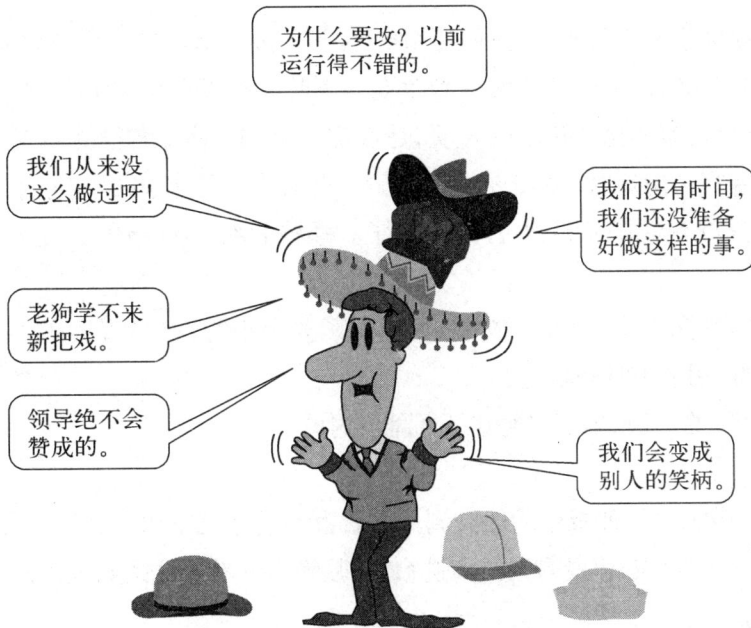

为什么要改? 以前运行得不错的。

我们从来没这么做过呀!

我们没有时间,我们还没准备好做这样的事。

老狗学不来新把戏。

领导绝不会赞成的。

我们会变成别人的笑柄。

枷锁的体现

不同的枷锁不同的钥匙:

√ 从众型:克服从众心理,坚持自我。

√ 权威型:先来一番彻底的审查,尊重而不是迷信。

√ 经验型:打破对经验的依赖与崇拜,将经验转变为创新。

√ 书本型:尽信书不如无书。

√ 自我中心型:跳出自我框框,多从他人角度考虑。

【迷津点拨】

创新思维就是不受现成的常规思路的约束,寻求对问题全新的、独特性的解答方法的思维过程。不要受什么约束,要全新的。寻求对问题全新的、独特的解答,这样的方法寻找出来,这样的思维过程,我们叫作创新思维。

创新思维有很多特点。比如,它有理性的、非理性的;有相同的、相异的。我们认为创新思维最大的特点是相异性、差异性。同样一个问题,不同的人有不同的思维。

1. 巧排队列

24 个人排成 6 列,要求每 5 个人为一列,请问该怎么排列好呢?

答案:排成六角形。

人们在日常生活中对于排列,往往局限于横排或者竖排,但 5 人为一列,排成 6 列,显然 24 人是不够排的。所以不打破常规,这个问题是解决不了的,由于人数不够排列时必须考虑有的人要兼任两个队列的数目,这样排列时,就不难考虑出六角形的形状。

2. 升斗量水

一长方形的升斗,它的容积是 1 升。有人也称之为立升或公升。现在要求你只使用这个升斗,准确地量出 0.5 升的水。请问应该怎样办才能做到呢?

答案:用升斗斜着量就可以做到。

旧有的思维习惯紧紧追随着我们,我们使用量杯或升斗时,常习惯于平直地计量体积。当你为解答这道问题而愁眉不展时,你可能从没想到改变一下升斗的摆放测量方式,把升斗歪斜使用,改变虽然很小,却是打破习惯和思想解放的表现,是很难迈出的一步。与这个问题相似,日常生活中有些货物难以进入狭窄的门口时,就需要上下颠倒或前后左右歪斜。那些不知转动变通、进退维谷、束手无策的人,只能说明他们的头脑僵化罢了。那些思维有创新的人是不会被这些难题难倒的。

3. 有一只野羊,狮子用了 2 个小时吃完它,熊用了 3 个小时吃完它,狼用了 6 个小时吃完它。如果 3 只野兽一起吃,用多少时间吃完?

答案:理论上用 1 个小时,但三种野兽不可能同时吃。

4. 沉船

某人有过这样一次经历:他乘坐的船驶到海上后就慢慢地沉下去了,但是,船上所有的乘客都很镇静,既没有人去穿救生衣,也没有人跳海逃命,却眼睁睁地看着这条船全部沉没。

答案:在潜水艇里。

5. 火车过隧道

两条火车轨道除了在隧道内的一段外都是平行铺设的。由于隧道的宽度不足以铺设双轨,因此,在隧道内只能铺设单轨。

一天下午,一列火车从某一方向驶入隧道,另一列火车从相反方向驶入隧道。两列火车都以最高的速度行驶,然而,它们并未相撞。这是为什么?

答案:两列火车在不同的时间里驶入隧道。

【思考】

你曾经有过哪些你认为是创新的做法?

第三节　逻辑思维训练

【广角镜】

传说古代有位残暴的国王,有一次抓到一个反对他的人,一定要将这个人处死。国王虽然心里要将反对者处死,但表面上还装出仁慈的样子:"让上帝来决定这个可怜人的命运吧,我允许他在临刑前说一句话,如果他讲的是真话,那么他将受刀斩;如果他讲的是假话,那么他将被绞死;只有他的话使我缄默不言,那才是上帝的旨意让我赦免他。"在国王这番冠冕堂皇的话语背后,有他的如意算盘:尽管话是由你说的,但判定真假还是由我,所以,该刀斩还是绞死不就是凭我一句话嘛。结果反对者说:"我将被绞死。"

我们运用逻辑推理的知识分析这句话。国王如果判定这句话是真话,那么按照国王的规定,反对者应当处刀斩。然而,反对者说的是自己"将被绞死",因而显然不能算为真话。如果国王判为假话,那么按说假话的规定,反对者将被绞死,但反对者恰恰就是说自己"将被绞死",这表明他的话是真话。因此,也不能将反对者的话定为假话。由于国王不能自圆其说,为了顾全自己的面子,只好放了反对者。

【七嘴八舌】

你有相似的逻辑推理的故事吗? 请跟大家说说。

【自我探秘】

1. 一个粗细均匀的长直管子,两端开口,里面有 4 个白球和 4 个黑球,球的直径、两端开口的直径等于管子的内径,现在白球和黑球的排列是 wwwwbbbb,要求不取出任何一个球,使得排列变为 bbwwwwbb。

2. 一只蜗牛从井底爬到井口,每天白天蜗牛要睡觉,晚上才出来活动,一个晚上蜗牛可以向上爬 3 尺,但是白天睡觉的时候会往下滑 2 尺,井深 10 尺,问蜗牛几天可以爬出来?

3. 在太平洋的一个小岛上生活着土人,他们不愿意被外人打扰,一天,一个探险家到了岛上,被土人抓住,土人的祭司告诉他,你临死前还可以有一个机会留下一句话,如果这句话是真的,你将被烧死,是假的,你将被五马分尸,可怜的探险家如何才能活下来?

4. 怎样种四棵树,使得任意两棵树的距离相等?

答案:

1. 管子口对口弯曲,形成一个圆环。

2. 8 天(第 7 天已爬 7 尺)。

3. 我将被五马分尸,若为真则会被烧死,则假;若为假则五马分尸,则为真。

4. 种在一个坑或按立体的正四面体的顶点排列。

【训练场】

1. 甲、乙、丙、丁四个人,已知乙不是最高但比甲、丁高,而甲又比丁高。请将他们由高到低排列。

正确答案:丙、乙、甲、丁。

2. 甲、乙、丙、丁四个人进行羽毛球双打比赛,其中:① 甲比乙年轻;② 丁比他的两个对手年龄都大;③ 甲比他的伙伴年龄大;④ 甲与乙的年龄差距要比丙与丁的差距大一些。试判断谁与谁搭伴,并说出四个人的年龄从小到大的顺序。

正确答案:甲与丙;乙与丁。丙<甲<丁<乙。

3. 某校举行数学竞赛,参加决赛的是 A、B、C、D、E 五位同学,另有甲、乙、丙、丁、戊五位同学对决赛的名次作了预测,各自的说法是甲说:B 第 3,C 第 5;乙说:E 第 4,D 第 5;丙说:A 第 1,E 第 4;丁说:C 第 1,B 第 2;戊说:A 第 3,D 第 4。比赛结果表明,每个名次都有人猜中,求各人的名次。

正确答案:C 第 1,B 第 2,A 第 3,E 第 4,D 第 5。

4. 六年级四个班举行篮球比赛,A 预测丙班第一名,乙班第二名,甲班第三名,丁班第四名;B 预测名次排列顺序是乙班、丁班、丙班、甲班。比赛结果丁班是第二名,其他各班的名次,A、B 都预测错了,请问这次竞赛的名次是怎样排列的?

正确答案:甲第一,丁第二,乙第三,丙第四。

5. 某年级有四个班,每个班都有正、副班长各一名,平时召开年级班长会时,各班只有一人参加。参加第一次会议的是 A、B、C、D,参加第二次会议的是 C、E、B、F,参加第三次会议的是 F、G、B、A。H 因生病三次都未参加。你能分清他们哪两个人是同班的?

正确答案:B 和 H,A 和 E,C 和 G,D 和 F。

【迷津点拨】

通过逻辑(把意识按照顺序进行排列)进行思考就叫作逻辑思维。人们在认识过程中借助于概念、判断、推理等思维形式能动地反映客观现实的理性认识过程,又称理论思维。

1. 猜猜是谁(难度系数:★;时间限制:1 分钟)

老师在一张纸条上写了甲、乙、丙、丁四个人中的一个人的名字,然后握在手里让这四个人猜一猜是谁的名字。于是:

甲说:是丙的名字。

乙说:不是我的名字。

丙说:不是我的名字。

丁说:是甲的名字。

老师听完后说:"四个人中只有一个人说对了,其他人都说错了。请再猜一遍。"

这次四个人很快同时猜出这张纸条上写的是谁的名字了。你能猜出这张纸条上究竟写的是谁的名字吗?

2. 钥匙在哪里(难度系数:★★;时间限制:90 秒钟)

空空是个马大哈,经常找不着钥匙。这天姐姐想故意刁难他一下,就把钥匙放在书桌的抽屉里,并在三个抽屉上各贴了一张纸条。

左面抽屉的纸条上写着:钥匙在这里。

中间抽屉的纸条上写着:钥匙不在这里。

右面抽屉的纸条上写着:钥匙不在左右抽屉里。

姐姐说:"三张纸条只有一句是真话,其余两句是假话。你能只打开一只抽屉就取出钥匙吗?"

空空想了想,根据判断打开一只抽屉,钥匙果真就在那里。

请你想想看,钥匙到底在哪一个抽屉里?

3. 三位美女(难度系数:★;时间限制:1分钟)

有三位大美女,其实是"天使"、"魔鬼"和"常人"三姐妹。天使总是说真话,魔鬼总是说假话,常人有时说真话,有时说假话。

黑发美女说:"我不是天使。"

茶发美女说:"我不是常人。"

金发美女说:"我不是魔鬼。"

到底谁是谁呢?

4. 小狗的年龄(难度系数:★;时间限制:50秒钟)

有四只小狗,年龄从1岁到4岁各不相同。它们中有两只说话了,无论谁说话,如果说的是关于比它大的小狗的话都是假话,说比它小的狗的话都是真话。小狗甲说:"小狗乙3岁。"小狗丙说:"小狗甲不是1岁。"

你能知道这四只小狗分别是几岁吗?

5. 蜘蛛带来的启示(难度系数:★;时间限制:10秒钟)

一年冬天,拿破仑的法兰西帝国军队排列整齐,开始向荷兰的重镇出发。荷兰的军队打开了所有的水闸,使法兰西军队前进的道路被滔滔大水淹没,法兰西帝国的元帅立即下令让军队向后撤退。正在大家感到焦虑的时候,忽然元帅看到了一只蜘蛛正在吐丝,元帅果断地命令部队停止撤退,就在原地做饭,操练队伍。两天过去后,漫天的洪水并没有席卷而来。后来在法兰西军队元帅的带领下,荷兰的重镇被攻破了。

你知道是什么使法兰西军队的元帅改变了主意,并取得最后的胜利吗?

【思考】

通过逻辑思维训练,你在生活学习中体会最深的是什么?

第四节　发散式思维训练

【广角镜】

甲：下雨好极啦！　乙：下雨糟透了！

仔细看看图片,他们的意见都不一样。

【七嘴八舌】

故事开始:那一年夏天,我来到了这个世界,我出生的地方是一个小镇……(接下来如何发展? 试编一个故事。)

【自我探秘】

主情景:课堂　粉笔　故事书　中学生(已知条件)。你会想到什么?

【训练场】

1. 充分发挥你的想象,设计多种过河的方法。

思维小测试:架桥。

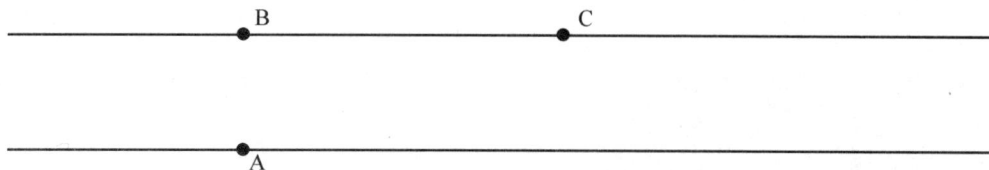

有一条河,河的宽度(A 和 B 的距离)为 100 米,同岸的两点 B 和 C 的距离为 300 米。现在要从

A走到C,架一座桥,而且桥只能垂直着这条河架,不能斜着架。问怎样架这座桥才能使所走的路程最短?

2.你能用一根线段和一根半圆弧组成哪些图形? 画出来,写上名称。

3.一棵树上有五只鸟,有人开了一枪,打死了一只鸟。问树上还剩几只鸟?

(提示:简单的答案是树上没有一只鸟,因为其他的鸟都被枪声吓跑了。可是如果打死的鸟挂在树上呢? 如果树上有一只鸟,尚不会飞呢? 同样,雏鸟如果是两只、三只、四只呢? 如果是无声手枪呢?)

4.一张四方形的桌子,如果锯掉一个角,问还剩几个角?

(提示:剩三个角也是可能的,沿着对角线锯开同样符合题目条件。剩四个角也是可能的,沿某顶角和其一条对边上的某一点锯开,剩下的将是一个梯形平面。剩五个角也是可能的。)

5.晚上,一个房间里点了五支蜡烛,吹灭了一支,问第二天早上还剩几支蜡烛。

(提示:答案可能是一支,即被吹灭了的那支蜡烛。可是,如果是大蜡烛,到第二天还在燃烧呢? 如果五支蜡烛都很大,那么剩下的应是五支蜡烛。如果燃烧的四支当中有一支较大,到早上仍在燃烧,那么答案就是两支。同样类推,三支四支也是可能的。)

【迷津点拨】

思维常常"从同一的来源中产生各式各样为数众多的输出",即在一段时期内不拘一格地朝着多种方向去探寻各种不同的方法、途径及答案,这种呈散射型或分叉型的思维模式就叫作"发散思维"。

白兰地酒进军美国市场

法国的白兰地酒在国内和欧洲畅销不衰,但难以在美国市场大量销售。为占领巨大的美国市场,白兰地公司耗资数万专门调查美国人的饮酒习惯,制定出各种推销策略,但因促销手段单调,结果收效甚微。

这时有一位叫柯林斯的推销专家,向白兰地公司总经理提出一个推销妙法:在美国总统艾森豪威尔67岁寿辰之际,向总统赠送白兰地酒,借机扩大白兰地酒在美国的影响,进而打开美国市场。

白兰地公司总经理采纳了这个建议。公司首先向美国国务卿呈上一份礼单,上面写道:"尊敬的国务卿阁下:法国人民为了表示对美国总统的敬意,将在艾森豪威尔总统67岁生日那天,赠送两桶窖藏67年的法国白兰地酒。请总统阁下接受我们的心意。"然后,他们把这一消息在法美两国的报纸上连续登载。将向美国总统赠酒的新闻成为美国千百万人街谈巷议的热门话题。大家都盼望着总统生日的到来,好一睹67年白兰地的风采。1957年10月14日是美国总统艾森豪威尔的生日。法国人用专机将两桶白兰地酒运到华盛顿,身着宫廷卫侍服装的法国士兵雄姿抖擞、风度翩翩,他们护送那两桶经艺术家精心装饰、由壮士们抬着的白兰地酒步行经过宽敞的华盛顿大街,一路上,数以万计的美国市民夹道观看,盛况空前。白宫前的草坪上更是热闹非凡。上午10时,四名英俊的法国青年,穿着雪白的王宫卫士礼服,驾着法国中世纪时期的典雅马车进入白宫广场,由法国艺术家精心设计的酒桶古色古香,似已发出阵阵美酒醇香,全场沸腾了,美国人唱起了"马赛曲",

欢声雷动,掌声轰鸣。

从此以后,争购白兰地酒的热潮在美国各地掀起。一时间,国家宴会、家庭餐桌上少不了白兰地酒。白兰地酒进军美国市场之后,白兰地公司的收益大幅度增加。白兰地公司总经理一再惊叹:"一本万利! 一本万利!"

【思考】

你认为思考问题怎样才能更全面?

第五节　聚合式思维训练

【广角镜】

鲁班发明锯的故事

春秋战国时期,我国有一位创造发明家叫作鲁班。两千多年来,他的名字和有关他的故事,一直在人民当中流传着,后代土、木工匠都尊称他为祖师。

鲁班大约生于公元前507年,本姓公输,名班。因为他是鲁国人,所以人们尊称鲁班。有的书上写作公输般或公输盘。他主要是从事木工工作。鲁班是怎样发明锯子的呢?相传有一次他进深山砍树木时,一不小心,手被一种野草的叶子划破了,他摘下叶片轻轻一摸,原来叶子两边长着锋利的齿,他的手就是被这些小齿划破的,他还看到在一棵野草上有条大蝗虫,两个大板牙上也排列着许多小齿,所以能很快地磨碎叶片。鲁班就从这两件事上得到了启发。他想,要是有这样齿状的工具,不是也能很快地锯断树木了吗!于是,他经过多次试验,终于发明了锋利的锯子,大大提高了工效。

【七嘴八舌】

你对以上故事有什么体会?

【自我探秘】

世界上最高的山峰是什么?你是怎么得到的答案?

【训练场】

1. 小明参加潍坊市第二届小学生探索与应用能力竞赛,赛后,小红问小明得了第几名,小明说:"我考的分数名次和我的年龄的乘积是2134。"小红想了想立即说出了小明的竞赛得分和名次。请问当年小明的年龄是多少岁?竞赛得了第几名?

答案:2134因数分解为1、2、11、97、2134,因为是小学生竞赛,所以小明的年龄应该是11岁,名次应该是第194名。

2. 光明小学的两名教师要带领265名学生外出春游,客车出租公司有两种型号的车,大客车有39个座位,小客车有30个座位,要使每人有座位,且没有空座位,大、小客车各需多少辆?(两名教师在内)

答案:265+2=267,租的车只有39座和30座的,要使租的车没有空位,那么30乘任何的尾数都是0,现在尾数是7,只有39乘3的尾数是7,所以租用3辆39座的客车,5辆30座的客车刚好。

3. 盲人分袜。

有两位盲人,他们各自买了两双蓝袜和两双红袜。8 只袜子的布质、大小完全相同,而每双袜子都有一张商标纸混在一起,他们每人怎样才能取回蓝袜和红袜各两双呢?

答案:两人各自取回每双的一只就行了。

4. 妙在动一根。

用 19 根火柴摆出下面的算式,可是你会发现这个算式是错误的。现在只需移动 1 根,就能使算式成立。怎么移?

$$11 + 7 - 13 = 44$$

答案:117－73＝44

5. 破绽在此。

海边的 H 市某天晚上受到了台风和暴雨的袭击。第二天早上,在公园发现一具男尸,浑身湿淋淋地趴在地上,旁边还有一顶死者的帽子。现场没有留下任何痕迹,更找不到目击证人。经验尸,死亡时间已经超过 20 个小时。警员断定,这不是凶杀现场,死者是被人由别处搬运来的。警员根据什么下此结论?

答案:案件的破绽就在那顶帽子。

【迷津点拨】

聚合思维是创造性思维的基本成分之一,又叫辐合思维、集中思维、求同思维。就是将各种信息汇聚起来分析、整合,最终从大量的可能性中提炼出优化的创新方案。

应用聚合式思维解决以下问题。

飞 机 的 飞 行

一架飞机,从北京起飞,径直向北飞行。在向北飞了 500 公里以后,飞机转弯向东飞。在这个方向上飞了 500 公里。然后飞机转向南,飞行了 500 公里后,又转向西飞行 500 公里就降落在地面上了。请问飞机是否降落到原出发地点?

你一定会说:"向北飞 500 公里,再向东飞 500 公里,再向南飞 500 公里,再向西飞 500 公里,我们一定能回到出发的地方。"

你认为上面这个问题的答案是这样的吗?

【思考】

英国生产收音机,美国生产录音机,日本则将两国的东西组合制造出收录机。类似的例子你还知道多少? 这说明了什么问题?

第六节　逆向思维训练

【广角镜】

　　故事一：我国古代有一位母亲，她有两个儿子，大儿子开染布作坊，小儿子做雨伞生意。每天，这位老母亲都愁眉苦脸，天下雨了怕大儿子染的布没法晒干；天晴了又怕小儿子做的伞没有人买。一位邻居开导她，叫她反过来想：雨天，小儿子的伞生意做得红火；晴天，大儿子染的布很快就能晒干。逆向思维使这位老母亲眉开眼笑，活力再现。

　　故事二：英国科学家法拉第从电产生磁得到启示，反问自己，磁能不能产生电，最后终于在1821年制成世界上第一台发电机。创造性思维要求以科学理论指导，敢于提出新问题，解决新问题。逆向思维是创造性思维的一个重要表现。

　　一道趣味题是这样的：有四个相同的瓶子，怎样摆放才能使其中任意两个瓶口的距离都相等呢？可能我们琢磨了很久还找不到答案。那么，办法是什么呢？原来，把三个瓶子放在正三角形的顶点，将第四个瓶子倒过来放在三角形的中心位置，答案就出来了。把第四个瓶子"倒过来"，多么形象的逆向思维！

【七嘴八舌】

　　你曾经用过逆向思维处理问题吗？请举例。

【训练场】

　　1. 关于给网球充气。网球与足球、篮球不一样，足球、篮球有打气孔，可以用打气针头充气。网球没有打气孔，漏气后球就瘪了。如何给瘪了的网球充气呢？专业人士首先分析了网球为什么会漏气？气从哪里漏到哪里？我们知道，网球内部气体压强高，外部大气压强低，气体就会从压强高的地方往压强低的地方扩散，也就是从网球内部往外部漏气，最后网球内外压强一致了，就没有足够的弹性了。怎么让球内压强增加呢？运用逆向思维，专业人士考虑让气体从球外往球内扩散。怎么做呢？那就是把软了的网球放进一个钢筒中，往钢筒内打气，使钢筒内气体的压强远远大于网球内部的压强，这时高压钢筒内的气体就会往网球内"漏气"，经过一定的时间，网球便会硬起来了。

　　让气体从外向里漏的逆向思维让没有打气孔的网球同样可以实现充气。很显然，通过逆向思维，把不可能变为了可能。

　　2. 有两个人一起出差，其中一个人逛街时看到大街上有一老妇在卖一只黑色的铁猫。这只铁猫的眼睛很漂亮，经仔细观察，他发现铁猫眼睛是宝石做成的。于是，他不动声色地对老妇说："能不能只卖一双眼珠。"老妇起初不同意，但他愿意花整只铁猫的价格。老妇便把猫眼珠取出来卖给了他。

　　他回到旅馆，欣喜若狂地对同伴们说，我捡了一个大便宜：用了很少钱买了两颗宝石。同伴问了前因后果,问他那个卖铁猫的老妇还在不在? 他说那个老妇正等着有人买她的那只少了眼珠的铁猫。

同伴便取了钱寻找那个老妇去了,一会儿,他把铁猫抱了回来。他分析这只铁猫肯定价值不菲。于是,用锤子往铁猫身上敲,铁屑掉落后发现铁猫的内质竟然是用黄金铸成的。

买走铁猫玉眼的人是按正常思维走的,铁猫的玉眼很值钱,取走便是。但是,同伴却通过逆向思维断定:既然猫的眼睛是宝石做的,那么它的身体肯定不会是铁的。正是这种逆向思维使同伴摒弃了铁猫的表象,发现了猫的黄金内质。

3. 曾有一篇文章说到:一位中国人移民到了美国,因要打官司就对其律师说:我们是不是找个时间约法官出来坐一坐或者给他送点礼。律师一听,大骇,说千万不可,如果你向法官送礼,你的官司必败无疑。那人说:怎么可能? 律师说:你给法官送礼不正说明你理亏吗? 几天后,律师打电话给他的当事人,说:我们的官司打赢了。那人淡淡地说,我早就知道了。律师奇怪地问,怎么可能呢? 我刚从法庭里出来。中国人说,我给法官送了礼。那位律师差点跳了起来,不可能吧! 中国人说:的确送了礼,不过我在邮寄单上写的是对方的名字。

我们暂且不论这位中国人的做法是否道德,但却是很典型的逆向思维,既然你们美国人认为给法官送礼是理亏,那我就以对方的名义送礼,轻而易举地赢得了官司。

4. 有一位赶马车的脚夫,驱赶着一匹马,拉着一平板车煤要上一个坡。无奈路长、坡陡、马懒,马拉着车上了整个坡的三分之一就再也不愿意前进了,任其脚夫抽打,马只是原地打转。脚夫这时招呼同行马车停下,从同伴处借来两匹马相助。按常规的思维方式,一匹马拉不上坡,另两匹马来帮助,那肯定是来帮忙拉车的。但是,脚夫并不是把牵引绳系在车上,而是将牵引绳系在自己那匹马的脖子上。这时,只听脚夫一声吆喝,借来的两匹马拉着懒马的脖子,懒马拉着装煤的车子,很快便上了坡。对脚夫这种做法你可能会感到疑惑,用借来的两匹马拉自己的懒马,其结果仍然是自己的懒马在使劲,另两匹马不但使不上劲,而且还有可能拉伤自己的马。

5. 某单位选取代表实行差额选举,规定从 23 名候选人中选出 21 名代表。常规操作方法是按总数量发出选票,上列 23 位候选人名单,代表拿到选票后"择出"自己同意的那 21 位候选人,投票后,由监票人进行唱票统计,最后 21 位最高得票者当选。对于这种司空见惯的做法,谁都没有异议。但是,这是一种效率低下的做法。对于这个问题,采用逆向思维,完全可以这样来做:当拿到选票后,"择出"自己不同意的那两位,唱票时,每张选票也只唱两次,最后,谁的"票多"谁就落选。这样,每一位代表所花的时间只有原来的十分之一,每一张选票的唱票时间也只有原来的十分之一,选举效率提高了十倍。你仔细想过就不难发现,这种做法不但提高了效率,而且也有助于提高候选人和代表的压力感和责任感。选取赞成的 21 位时,很多人都是从前往后打钩,只要不是很不顺眼就按着顺序往下勾了,结果往往是居于最后面位置的两位候选人落选的可能性最大。这种做法使得落选的人压力不是很大,谁让自己的"地理位置"不佳呢。而要代表从 23 位候选人中择出 2 位自己认为是不合适的人,那么对候选人来说加大了压力,他必须十分注重自己的形象,改进自己的不足。对代表来说,也必须经过慎重思考,负责任地表达自己的意见。

【迷津点拨】

逆向思维,是指将人们通常思考问题的思路反过来,用对立的、看上去似乎不可能的办法解决

问题的思维方法。利用这种思维方法,可以巧妙地解决一些我们正常思维所不能解决的问题。

比如,我们在解下面的题目时,就可以运用这种思维方法。

小远买 1 角钱的邮票和 2 角钱的邮票共 100 张,一共花了 17 元钱。请问他买了 1 角和 2 角邮票各多少张?

解这一题目,假设买来的 100 张都是 2 角邮票,那么总钱数应为:$2 \times 100 = 200(角) = 20(元)$。

可实际上小远只花了 17 元钱,比假设少 3 元钱,这是因为其中有 1 角钱的邮票。若有一张 1 角邮票,总钱数就相差 1 角。

由此可求出 1 角邮票张数为:3 元＝30 角,$30 \div 1 = 30(张)$。

2 角邮票张数为:$100 - 30 = 70(张)$。

请你用这种方法算出下面的题目:

三年级的 46 名同学去划船,准备了可乘 6 人的船和可乘 4 人的船共 10 只,如果所有的学生恰好分配在这 10 只船上而没有剩余,那么大船和小船各几只?

【思考】

1. 你如何理解"逆境出人才"?
2. "自古英雄多磨难,从来纨绔少伟男。"对此你怎么认识?

第七节 空间思维训练

【广角镜】

陈景润是我国现代著名的数学家。在高中时,他的老师讲了哥德巴赫猜想的故事之后说:"科学的皇冠是数学,数学的皇冠是数论,哥德巴赫猜想是皇冠上的明珠。"

这些话深深地打动了青年学生陈景润的心,他下定决心要学数学。1956 年底,已先后写了四十多篇论文的陈景润调到中国科学院,开始在华罗庚教授的指导下专心研究数论。1966 年 5 月,他像一颗璀璨的明星升上数学的天空,宣布他已经证明了(1+2)。1973 年,关于(1+2)的简化证明发表了,他的论文轰动了整个数学界。(1+2)即"大偶数都能表示一个素数及一个超过二个素数的积之和",被国际公认为"陈景润定理"。

【七嘴八舌】

陈景润的空间思维好吗? 你的呢?

【自我探秘】

你了解自已家乡的地理位置吗? 你能用语言描述你的家在什么位置吗?

【训练场】

1. 根据下图前两个长方形图内上下和左右已知数之间的关系,推算出下图内"?"应填几?

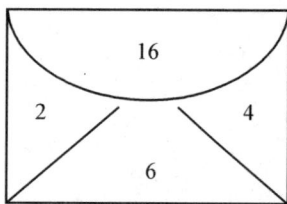 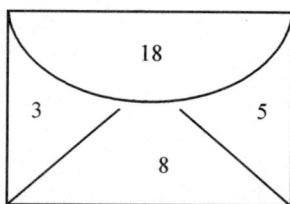 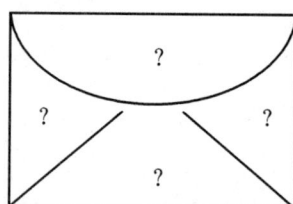

图 1　　　　　图 2　　　　　图 3

分析与解答:根据两个长方形图里上下和左右已知数找出它们之间的规律是上下相差 10,左右相差 2,图 2 上面比图 1 多 2,下面也一样多 2,左右各多 1,这样我就知道怎样填了。

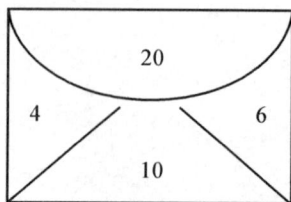

2. 把 3 棵树平均种成 3 行,每行 2 棵,该怎样种,请画出来。

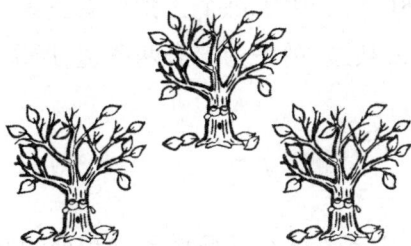

分析与解答:要想 3 棵树种成行,并且每行有 2 棵,就应该知道这一棵既在这一行里又要在另一行里,这样就画出来一个三角形,每个角上一棵树。

3. 找规律:|○□☆△♡| |△○☆□♡| |♡△☆○□| | |

分析与解答:根据前面的三幅观察找出了规律,是后面往前面移动,所以就找出来,前面第二个移动后面第二个,得出:|□♡☆△○|

4.

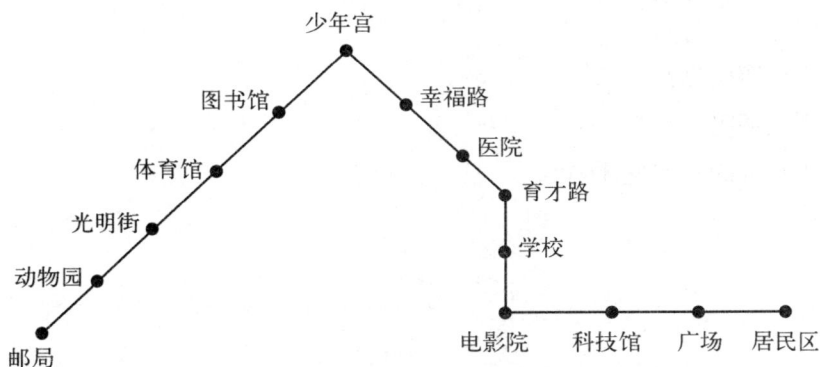

(1) 从邮局出发向____方走____站到少年宫,再向____方走____站到了育才路,再向____方走____站到电影院,再向____方走____站到居民区。

(2) 小华坐了 3 站在医院下车,她可能在哪里上的车?

(3) 医院在育才路的____方;幸福路在少年宫的____方。

分析与解答:

这一题首先要知道的是正确的八个方向:东、西、南、北、东北、东南、西北、西南。

第一小题:从邮局出发向东北方走 5 站到少年宫,再向东南方走 3 路到了育才路,再向南走 2 站到电影院,再向东方走 3 站到居民区。

第二小题,这一问有两个解答,小华坐了 3 站在医院下车,她可能是从图书馆上的车,也可能是从电影院上的车。

第三小题:医院在育才路的西北方,幸福路在少年宫的东南方。

5. 剪来剪去看整体

长方形 ABCD 的内部有 2008 个点:以长方形的 4 个顶点和内部的 2008 个点为顶点,将它剪成一些三角形,一共可以剪成多少个三角形? 共需要剪多少刀?

【分析与解答】这是一道关于整体分析的题目。先计算所有三角形的内角和,汇聚在长方形内一点的所有之和是 $360°$,长方形的内角和也是 $360°$,共有 $360°×2008+360°$,从而三角形的个数为

$(360° \times 2008 + 360°) \div 180° = 4018$（个）。由于每个三角形有三条边，而长方形原来的 4 条边不用剪；其余的边，由于两个三角形有公共边，剪一刀出来两条边，所以共剪的刀数是 $(4018 \times 3 - 4) \div 2 = 6025$（刀）

【迷津点拨】

　　人类思维活动是一种高级过程，是在人们头脑中长期积聚的知识、经验的基础上，伴随着创造想象，向问题的深度和广度方向进行立体交叉的思维。因此，立体思维是一种创造性思维。它能在事物发展的各个层次上沿纵、横两方面开拓思考。在头脑中把人的各种已有的知识联系起来，形成一个"立体结构"，并在其中某一点上找到新的突破口，经过扩展和验证，创造出崭新的成果。许多卓有成就的中外科学家、发明家和文学艺术家，都是立体思维的受益者。通过正确地思维训练和执著地钻研，每一个智力正常的人都能培养出自己独特的立体思维方式。

【思考】

　　1. 你的心能装得下一座山吗？

　　2. 你的心能装得下大海吗？

　　3. 你的心能容得下别人的一句批评吗？

第八节　思维与想象力

【广角镜】

想象力,属于人所特有的高级认识过程。想象是人将头脑中已有的客观事物形象重新组合成某种事物新形象的过程。许多事物,包括某些人物形象都是想象的结果。中国神话中的天宫、海外仙山、阎罗世界都是虚构想象的结果。

爱因斯坦曾说:"想象比知识更重要,因为知识是有限的,而想象力概括着世界上的一切,推动着进步,并且是知识进化的源泉。严格地说,想象力是科学研究中的实在因素。"

"想象"是人类不可缺少的思维活动,它推动着人类社会不断地进步。没有孙悟空一个筋斗十万八千里的想象,就不会有今天的人造飞船、神舟五号、神舟六号的成功发射。没有想象,就不会有居里夫人、牛顿等科学家,也不会有人类的文明。可以说,想象是一切创造力的源泉。

【七嘴八舌】

1. 你觉得自己的想象力怎样?(　　)

A. 丰富　　　　　　　　　B. 一般　　　　　　　　　C. 不太好

2. 你认为你的想象力还有多大潜力可挖掘?(　　)

A. 很大　　　　　　　　　B. 一般　　　　　　　　　C. 不大

3. 你是否想检测一下你的想象力有多丰富?(　　)

A. 很想　　　　　　　　　B. 一般　　　　　　　　　C. 无所谓

【自我探秘】

测一测你的想象力水平①

请将选择的答案记在纸上。

1. 你相信自己的谎言吗?

A. 相信　　　　　　　　　B. 不相信　　　　　　　　C. 差不多相信

2. 你对别人倒霉、失意的经历的反应是:

A. 流眼泪　　　　　　　　B. 同情　　　　　　　　　C. 厌烦

3. 你晚上外出消遣时:

A. 总是在你熟悉、喜欢的地方

B. 每次都试一试不同的地方

C. 有时换新的地方

---

① 摘自http:// www. baidu. com/ s? cl=3&tn=gctech_pg&ie=gb2312&wd

4. 你在剧院或影院看演出时哭过吗?

A. 哭过   B. 没有哭过   C. 已经有多年不哭了

5. 听鬼神故事时:

A. 会使你发笑

B. 会令你感到毛骨悚然

C. 会使你对超自然的事情感兴趣

6. 你在一处陌生地方睡觉被奇怪的声音弄醒时:

A. 会想起鬼   B. 会想到夜盗窃   C. 会想到是热水管

7. 当你在看由一篇熟悉的小说改编成影片时:

A. 你通常想到看电影更能够享受其中的乐趣

B. 你通常觉得自己很失望

C. 你发现这个故事由于电影的特点而改变了

8. 你对一本书或一部电影还有什么更好的主意吗?

A. 经常有   B. 有时有   C. 实际上从来没有

9. 你在心里改写过小说或电影的结局吗?

A. 只有这个故事给你很深印象时才会想过

B. 经常如此

C. 从来没有

10. 你幻想吗?

A. 经常   B. 有时   C. 很少

11. 你幻想的时候:

A. 能够虚构出大量的详细错综复杂的事情

B. 只能模糊地想出一些中意、合乎需要的情节

C. 偶尔能够把某些细节安插进去

12. 强烈的视觉意象总是伴随着你思考吗?

A. 通常如此   B. 很少   C. 有时

13. 如果一个孩子给你讲述了他一个想象中的同伴的故事:

A. 你完全进入他的幻想   B. 你会告诉他说谎不对   C. 你只是宽容地微笑一下

14. 当你心里想着一首你喜欢的歌曲时:

A. 你能完全清楚地听到这首歌

B. 你只能断断续续地听到一些

C. 你得小声唱才能想起来

15. 你能否假设你可能会遇到像坐牢这类麻烦事吗?

A. 不能

B. 在情况稍有不妙时可以想象到

C. 这似乎是不可能的事情,所以做不到

想象力测试评分标准:

1. A5/B1/C3　2. A5/B3/C1　3. A1/B5/C3　4. A5/B1/C3　5. A1/B5/C3　6. A5/B3/C1
7. A1/B5/C3　8. A5/B3/C1　9. A3/B5/C1　10. A5/B3/C1　11. A5/B1/C3　12. A5/B1/C3
13. A5/B1/C3　14. A5/B3/C1　15. A1/B5/C3

评价：

总分在15—75分之间,总的来说是分数越高,想象力就越强。

1. 15—25分,这类人的想象力是弱型,令人十分遗憾,似乎一点都不能进入想象的世界。这类人可能都很注重于实际情况,很现实,不喜欢幻想。尽管如此,这类人也会对自己的想象力弱而感到失望。

2. 25—37分,这类人不太喜欢想象,具有一定的想象能力,但只要可能,总是尽力消除幻想。人们可能对这类人的冷静、讲究实际的做法表示赞赏。尽管如此,这类人也失去了想象本来可以给他们带来的乐趣。

3. 38—54分,这类人具有想象力,甚至可以站在别人的立场上去思考问题,从而使事情做得很有效果。想象会给这类人带来一定的好处。但这类人的想象力还为他们的见识所限制,所以应该努力扩大这类人的视野,向高度想象迈进。

4. 55—64分,这类人具有很强的想象力,有时他们的想象过于丰富,对周围的事物过分敏感。另一方面,这类人可能是具有较高想象的艺术天才,每当设法利用自己的想象力时,便产生一系列丰富的想象。

5. 65—75分,这类人具有相当强的或者说过于风骨的想象力,拥有一个非常复杂的内心世界。

【训练场】

一、图形想象
围绕下面图形展开联想。
例：甲——西餐汉堡包
　　乙——中国的粽子
合起来,想到了中西方饮食文化的不同。

甲

乙

图1

我用一个大三角形表示一座大山,山顶上的小人表示成功者,人只有爬上最高峰,才能看得更远、更多、更美丽的风景。但是,在登山的过程中会遇到好多困难,我希望我们能用最坚强的意志去克服征途中的重重障碍,争做巅峰上的那个成功者。

中秋团圆

遵守交通
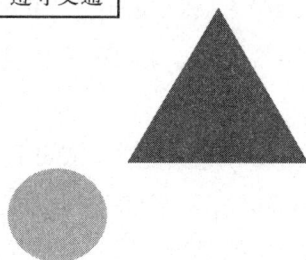

灿烂的
古埃及文明
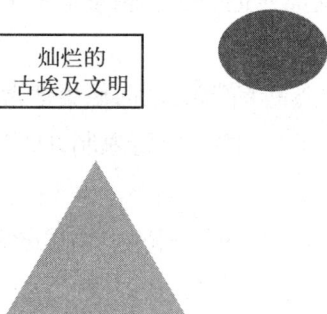

团结协作

图 2

二、拼图想象

材料：三角形两个，大小不论；线段两条，长短不论；圆或椭圆两个，可大可小。

要求：请同学们用所给的图形，拼成一幅图，说说它所表示的含义，并给所拼图形起个名字。

示例：用两个三角形表示两座重叠的山峰，表示连绵起伏的山峰；用一个椭圆表示山下的湖泊，再加两条线，用来表示湖里的水；再用一个圆表示太阳。我给这幅画起的名字是"青山绿水"。青山绿水可以陶冶人的情操，给人带来美的享受，望大家珍惜保护这份灵秀，不要随意破坏。

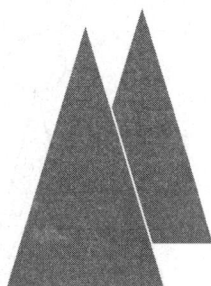

创意构思

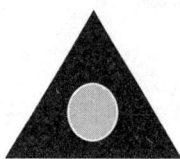
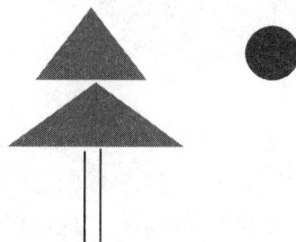

父爱深沉

青松

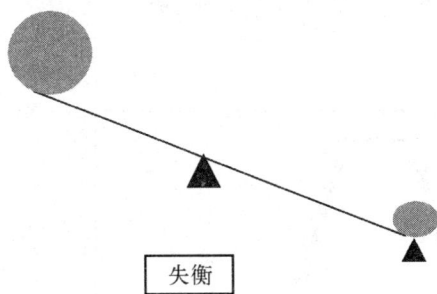

失衡

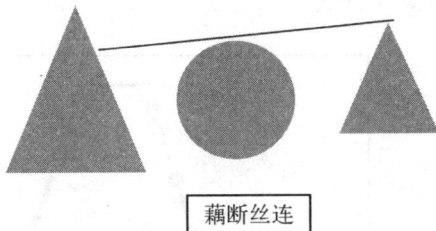

藕断丝连

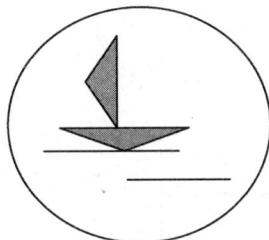

扬帆

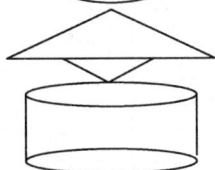

我的未来

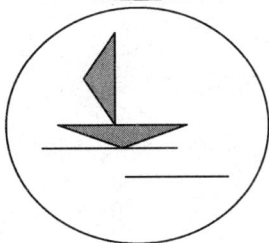

请同学们围绕所拼的图形写一段100字以内的话,可自己拼图。

(父爱深沉)我用大三角表示爸爸,小三角表示我,大圆表示爸爸为我所做的一切,他用他博大的爱来包围着我,小圆表示爸爸留给他自己的精力和时间,只有很小的一点儿。父亲的爱是严厉的,但只要我们用心去体会,会发现,父亲的爱更是博大的、深沉的。

(青松)我画的是一棵松树,名字是"青松挺且直",我希望每个同学都能像松树一样,始终坚定地挺立着,努力向上,不管碰到酷暑还是严寒,都要迎难而上,勇往直前。

(失衡)我用大圆表示地球,中间的三角形表示支点,右边的小圆和三角形表示我,我把这幅画的名字起为"给我一个支点,我将撬起整个地球"! 我觉得,我们青少年应该从小就树立雄心壮志,并为之努力,这样才像新世纪的建设者、接班人。

(藕断丝连)我画的是"藕断丝连",图中的大三角形表示中国大陆,小三角形表示中国台湾,中间的圆是相隔的大海,直线表示大陆和台湾血脉相连。虽然被大海隔开,但两岸人民盼望团聚的心是割不断的。

这是一只在黑暗中逆风行驶的船,不管有多大的困难,它也不会退缩。这种精神不正是我们所要具备的吗? 然而现实社会中许多人一遇到困难就退缩。我想问一问这些人:人一生中有许多坎坷,难道你们要一直这样畏畏缩缩地生活下去吗? 这样对你来说有意义吗?

温馨的灯光,伴我度过了六年的小学生涯,现在它又照亮了我的新的开始、新的旅程。它伴随着我进入了生活中的又一个台阶。烦闷时,它带给了我无限的温暖,锻炼我坚强的意志。"自然界没有不凋谢的花,人世间没有无曲折的路。"我们的未来也是一样的。但这明亮的灯光,却照亮了我们辉煌的未来。

下面准备了几道题目,训练大家的想象力。当出示题目后,请在你的草稿纸上写下你的答案。

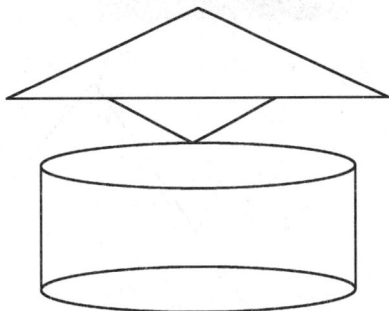

第一题：用14根火柴,摆了两只倒扣着的杯子(如图),只要动五根火柴,就可以让杯子的口倒过来,该怎么动呢?

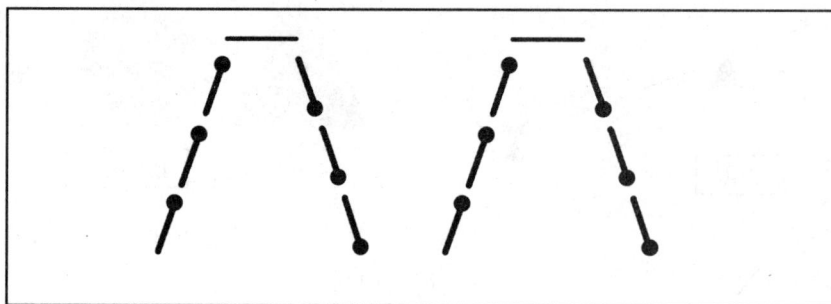

答案:

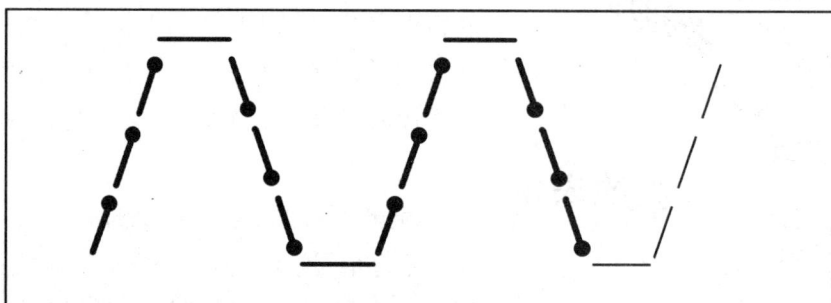

第二题:一位猎人带着一只狗上山打猎去了,你能用3笔画出这种情景吗?

答案:

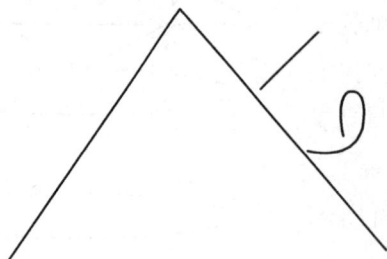

山后面露出猎枪和狗尾巴！

第三题：这个图形像什么？你说出的越多,证明你想象力越丰富。

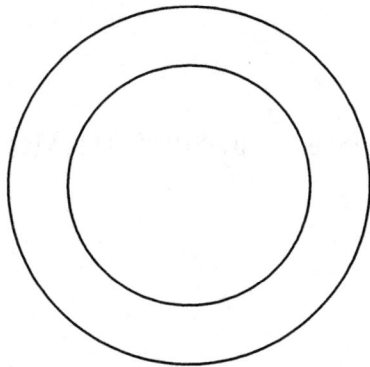

【迷津点拨】

想象力和智力

（一）想象力是智力活动的翅膀

想象力的作用主要是创造新知识。事实好比空气,想象力就好比翅膀,只有两方面结合,智力才能如矫健的雄鹰,一飞冲天,翱翔万里,以探索的目光巡视广阔无垠的世界,搜索一切奇珍异宝。

（二）最基本的条件

突破个别经验认识的框框,透过有限而深入到无限,推测过去、预示未来,摆脱具体事物的束缚,而自由地重新组合都必须以想象为基础。

（三）想象力对科学发展中的重大意义

（1）丰富的想象力是创造发明的向导,是人们向科学技术探索的先驱。

19世纪法国著名作家凡尔纳,在他的《月球探险记》一书中曾设想人们坐着炮弹飞上月亮,他的幻想现在已成为现实。人们为了纪念他,在月球上把一个特殊地区命名为"凡尔纳"。

他还写过科学幻想小说《海底两万里》,书中设想一种像鲸的潜水船——"鹦鹉螺号"。后来,美国的西门·雷诺,因受到"鹦鹉螺号"的启发,经过多年的努力,终于创造了世界上第一艘潜水艇。

（2）想象是知识进化的源泉,是重大科学理论的蓝图。

爱因斯坦的相对论是从想象开始的。在他年轻的时候,就曾根据自己掌握的知识,想象到如果有人追上了每秒30万公里的光速将会怎样？ 如果有人坐在自由下落的升降机中将会看到什么？这在当时曾被人们看作是毫无意义的想象,而爱因斯坦却紧紧追逐着自己的想象,他沉溺于自己想象的研究十几年,终于发现了相对论,推动了现代科学技术革命性的发展。

（3）想象给人以勇气,给人以力量,给人以智慧。没有做不到,只有想不到。

（4）丰富的想象能促使人们更好地感知和观察。

在18世纪欧洲纺织工业发展中,纺线满足不了织布的要求,人们正在研究如何提高纺线的效率。当过木工的纺织工人格里沃斯也在整天想象如何改进纺车。有一次他与妻子珍妮谈话,不慎碰翻了纺车,纺车的纺锤从水平位置变成了垂直位置,但轮子仍然带动着那根锭子飞快地转动着。这意外的现象使他灵感一动,想到如果把很多纺锤同时竖起来,不是一次可以拉出很多线吗？后来,他发明了提高效率八倍的纺车。为了纪念因碰翻纺车后而获得的发明成果,他把这种革新纺车称为"珍妮纺车"。

【思考】

"横看成岭侧成峰,远近高低各不同。不识庐山真面目,只缘身在此山中。"请说说诗中所讲的现象在哪些情况下存在?

第六章

情商是智商的助推器

第一节　我是一个情商高的人吗?

凡是现实的人类活动都是智、情、意的结合,智商的导向、控制作用与情商的推动、调节作用,是保证一个人行为过程的完整与实现人的幸福、自由、全面发展不可缺少的因素,我们以"情商"来促进"智商"的提高!

【广角镜】

五位同学眼中的"情商"

*李同学(8岁):情商? 不知道是什么,没听说过,在学校成绩好、不受人欺负就行了,其他我不关心。

*甘同学(14岁):听说过这个词,没怎么留意过,好像很大很空,感觉上就是教人怎么与别人打交道吧。这和学习有什么关系! 我认为最重要的就是学习,将来考上个好大学,找个好工作。

*邱同学(7岁):我认为开发智力更重要,而情商是孩子稍大以后的事,可以慢慢来。

*邢同学(17岁):我觉得情商挺重要的,它是对综合素质的一种培养。但这几年光看到搞研究的人写文章对这个问题七嘴八舌,在现实生活中怎么具体操作谈得不多,比如说我,我就不知道从哪些方面去培养、提高情商,我一点概念都没有。

*王同学(9岁):只有那些智力一般的孩子才要去发展什么情商,那么早地去处理人际关系,会早熟,影响学习。

【七嘴八舌】

1. 你曾经有做事靠三分钟热度,往往有始无终的情况吗?

2. 你看见别人很伤心,自己也会掉下同情的泪水吗?

小结: 虽然人们的耳边时不时会听到"情商"这个词,但对它的了解,大部分人都知之甚少,更不用说如何去驾驭我们的"情商"了。接下来,让我们真正地去了解"情商"吧!

【自我探密】

情 商 测 试 题①

这是一组很有意义的测试题,能帮助同学们了解自己的 EQ 状况。共 22 题,测试时间 20 分钟。如果你已经准备就绪,请开始计时。

注意:这只是一套测试题,难免有它的局限性,同学们不必刻意追求结果。

第1—7题:请从下面的问题中,选择一个和自己最切合的答案。

1. 我有能力克服各种困难:

A. 是的 　　　　B. 不一定 　　　　C. 不是的

2. 如果我能到一个新的环境,我要把生活安排得:

A. 和从前相仿 　　B. 不一定 　　　　C. 和从前不一样

3. 一生中,我觉得自己能达到我所预想的目标:

A. 是的 　　　　B. 不一定 　　　　C. 不是的

4. 不知为什么,有些人总是回避或冷淡我:

A. 不是的 　　　　B. 不一定 　　　　C. 是的

5. 在大街上,我常常避开我不愿打招呼的人:

A. 从未如此 　　　B. 偶尔如此 　　　C. 有时如此

6. 当我集中精力学习时,假使有人在旁边高谈阔论:

A. 我仍能专心学习 　B. 介于 A、C 之间 　C. 我不能专心且感到愤怒

7. 我不论到什么地方,都能清楚地辨别方向:

A. 是的 　　　　B. 不一定 　　　　C. 不是的

第8—12题:请如实选答下列问题。

8. 我从不因流言飞语而生气:

A. 是的 　　　　B. 介于 A、C 之间 　C. 不是的

9. 我善于控制自己的面部表情:

A. 是的 　　　　B. 不太确定 　　　C. 不是的

10. 在就寝时,我常常:

A. 极易入睡 　　　B. 介于 A、C 之间 　C. 不易入睡

11. 有人侵扰我时,我:

A. 不露声色 　　　B. 介于 A、C 之间 　C. 大声抗议,以泄己愤

12. 在和人争辩或工作出现失误后,我常常感到震颤,精疲力竭,而不能继续安心工作:

A. 不是的 　　　　B. 介于 A、C 之间 　C. 是的

第13—19题:在下面问题中,每一题请选择一个和自己最切合的答案。

13. 我被朋友、同学起过绰号、挖苦过:

_____

① 摘自http://tieba.baidu.com 有改动。

122

A. 从来没有 B. 偶尔有过 C. 这是常有的事

14. 有一种食物使我吃后呕吐：

A. 没有 B. 记不清 C. 有

15. 除去看见的世界外,我的心中没有另外的世界：

A. 没有 B. 记不清 C. 有

16. 我会想到若干年后有什么使自己极为不安的事：

A. 从来没有想过 B. 偶尔想到过 C. 经常想到

17. 我常常觉得自己的家庭对自己不好,但是我又确切地知道他们的确是为我好：

A. 否 B. 说不清楚 C. 是

18. 每天我一回家就立刻把门关上：

A. 否 B. 不清楚 C. 是

19. 我坐在小房间里把门关上,但我仍觉得心里不安：

A. 否 B. 偶尔是 C. 是

第20—22题：下面各题,请按实际情况如实回答,仅须回答"是"或"否"即可,在你选择的答案下打"√"。

20. 为了学习我早出晚归,早晨起床我常常感到疲惫不堪： 是____ 否____

21. 在某种心境下,我会因为困惑陷入空想,将学习搁置下来： 是____ 否____

22. 我的神经脆弱,稍有刺激就会使我战栗： 是____ 否____

参考答案及计分评估：

计分时请按照记分标准,先算出各部分得分,最后将几部分得分相加,得到的那一分值即为你的最终得分。

第1—7题,每回答一个A得6分,回答一个B得3分,回答一个C得0分。计____分。

第8—12题,每回答一个A得5分,回答一个B得2分,回答一个C得0分。计____分。

第13—19题,每回答一个A得5分,回答一个B得2分,回答一个C得0分。计____分。

第20—22题,每回答一个"是"得0分,回答一个"否"得5分。计____分。

总计为____分。

测试后如果你的得分在80分以下,说明你的EQ较低,你常常不能控制自己,你极易被自己的情绪所影响。很多时候,你容易被激怒、动火、发脾气,这是非常危险的信号。

如果你的得分在80—89分,说明你的EQ一般,对于一件事,你不同时候的表现可能不一,这与你的意识有关,你比前者更具有EQ意识,但这种意识不是常常都有,因此需要你多加注意、时时提醒。

如果你的得分在90—104分,说明你的EQ较高,你是一个快乐的人,不易恐惧担忧,对于学习你热情投入、敢于负责,你为人更是正义正直、同情关怀,这是你的优点,应该努力保持。

如果你的EQ在105分以上,那你就是个EQ高手,你的情绪智慧不但不是你学习的阻碍,更是你事业有成的一个重要前提条件。

小结：这只是一个测试,每个地区的情况不一样,同学们可以把它当成是一个"游戏"玩一玩。不过,我们能提高情商吗？下面,大家一起来体验一下吧！

123

【训练场】

游戏：再撑一百步

游戏规则和程序：

第一步：请同学们坐好，尽量采用舒服和放松的姿势。

第二步：教师给你们讲述如下的故事：美国华盛顿山的一块岩石上，立下了一个标牌，告诉后来的登山者，那里曾经是一个女登山者躺下死去的地方。她当时正在寻觅的庇护所"登山小屋"只距她一百步而已，如果她能多撑一百步，她就能活下去。

第三步：讨论1. 你觉得这个故事怎么样？

2. 从这个故事中，你得到什么启发？

【迷津指点】

这是一个很有寓意的故事。故事告诉我们，胜利者往往是能比别人多坚持一分钟的人。而这"一分钟"我们是能办得到的。对于自我的激励和坚持正是高情商的体现，因此我们可以成为高情商的人。

资料： 情　商^①

情商（EQ），又称"情感智力"，包括自我认知的能力、控制自我情绪的能力、自我激励的能力、认识他人情绪的能力和人际交往的能力五方面的内容。

认识自我：一个人总有某些连自己也看不清楚的个性上的盲点，高情商者常常自我反省，并从不同的角度了解、认识自己，客观地评价自己，具有自知之明，为自己正确定位。因此，他能够处理好周围的一切关系，成功的机会总是比较大。一个情商高的孩子，会很清醒地看到自己的优点和缺点，既不会因为成绩好、受老师赏识而自傲，也不会因为自己在某方面不如人而自卑。

控制情绪：高情商者善于控制自己的情绪，任何时候都能做到头脑冷静、行为理智，能抑制感情的冲动，克制急切的欲望，及时化解和排除不良情绪，使自己始终保持良好的心境，心情开朗，胸怀豁达，心理健康。一个情商高的孩子，懂得适时调控自己的情绪，遇到烦恼的事情能自己化解，绝不会做出极端的事情来。

自动自发：高情商者做一切事情的动力来自内部，有很强的自觉性、主动性。决定做一件事后，没有完成是不肯罢休的。做任何事情，都动机明确、兴趣强烈、独立积极、不甘落后，而且有勇气，自信心强。一个情商高的孩子，懂得自动自发，自动做事、自动读书、自动做功课……因此，就算他的智商不比别人高，但成绩也可以比别人好。

目光远大：高情商者目光长远，不沉溺于短暂的利益之中，他们想问题、做事情眼光放得远大，不会满足于眼前的一点点欲望。有一位研究者告诉孩子们说："这里有糖，你们可以马上吃，但如果

---

① 摘自http://baike.baidu.com

等我出去办完事回来再吃,你们可以得到双份的糖。"跟踪实验的结果表明:那些有耐心等待的孩子,长大后比较能适应环境、讨人欢心、敢冒险、自信、可靠;而那些只满足眼前欲望的孩子,长大后各方面的成就都不高。

　　人际技巧:高情商者善于洞察并理解别人的心态,能控制自己的情绪,设身处地为别人着想,领悟对方的感受,尊重他人的意见。因此,他们善于人际沟通与合作,人际关系融洽,在复杂的人际环境中游刃有余。一个情商高的孩子,在集体中有好人缘,容易受老师和同学的喜爱和欢迎,很少感觉孤独。

【思考】

1. 小学六年级个别女生主动给男生写纸条,那是情商高的表现吗?
2. 一个人事业成功往往不在于他智商有多高,而在于他的情商如何,你同意此观点吗?

第二节 我 是 谁

——认识自我

【广角镜】

要具有高情商,首先要充分知道"我"是怎样一个人。我是谁? 这是一个充满思辨和叩问的永恒话题。中国有句古话,叫做"人贵有自知之明",这个"贵"字,不单是宝贵,而且是稀少,物以稀为贵嘛! 睫在眼前最难见,人短于自知。老子说:"知人者智,自知者明;胜人者有力,自胜者强。"西方人崇拜的德尔菲神庙上也刻着一行警告人们的字:"认识你自己!"

【七嘴八舌】

你对自己的外貌、性格满意吗? 你认为在别人眼里你是怎样一个人?

小结:人自身存在缺陷是无法避免的,每个生命体都不可能完美无瑕,正所谓"金无足赤,人无完人"。不过人确实喜欢美好的东西,总是希望自己完美无瑕,那你是完美主义者吗? 让我们来探一探吧!

【自我探秘】

你是不是完美主义者[①]?

请逐一回答下列问题并记分,最后根据分数对照答案即可。

1. 即使已经把事情做得很好了,你仍然觉得不满意?

总是这样——0 　　　偶尔这样——1 　　　从不这样——3

2. 你希望自己能掌握现在的一切或未来?

总是这样——0 　　　偶尔这样——1 　　　从不这样——3

3. 在成功之后你会感到失落,而不是快乐?

总是这样——0 　　　偶尔这样——1 　　　从不这样——3

4. 你对自己和别人都很严厉?

总是这样——0 　　　偶尔这样——1 　　　从不这样——3

5. 不努力学习或工作会让你很有罪恶感?

总是这样——0 　　　偶尔这样——1 　　　从不这样——3

6. 休息时仍想着学习或工作,以及其他还没有解决的事?

---

① 摘自http://cn.qikan.com,有改动。

总是这样——0　　　　　　偶尔这样——1　　　　　　从不这样——3

7. 与他人交谈的时候你喜欢主导话题?

总是这样——0　　　　　　偶尔这样——1　　　　　　从不这样——3

8. 遇到排队或者塞车等情况时,你会感到极端沮丧?

总是这样——0　　　　　　偶尔这样——1　　　　　　从不这样——3

9. 你认为他人很少能达到你要求的标准?

总是这样——0　　　　　　偶尔这样——1　　　　　　从不这样——3

10. 当朋友长相或穿着打扮比你好看时,你会感到不自在?

总是这样——0　　　　　　偶尔这样——1　　　　　　从不这样——3

11. 希望每个人都喜欢你?

总是这样——0　　　　　　偶尔这样——1　　　　　　从不这样——3

12. 当别人对你的意见不赞同时,你会感到非常不安?

总是这样——0　　　　　　偶尔这样——1　　　　　　从不这样——3

13. 在朋友圈里,你希望自己是最优秀的一个?

总是这样——0　　　　　　偶尔这样——1　　　　　　从不这样——3

14. 受到别人的批评会让你觉得很难过?

总是这样——0　　　　　　偶尔这样——1　　　　　　从不这样——3

15. 你认为自己的能力比同学朋友都强?

总是这样——0　　　　　　偶尔这样——1　　　　　　从不这样——3

测试结果:

0—15分:你从不在乎事情是否完美。(你乍一看好像心态很好,对人对事都不会那么苛求,是很随和的人:不会跟别人争辩,不会跟别人比拼,不会对别人有太多要求,当然也不会对自己有所要求……这样的你,是真的无欲无求还是消极地对抗这个世界呢? 只有你心里最清楚了。也许你心里对自己不是太有信心,害怕令自己和家人失望,所以才会表现得对凡事都不那么在意,想一想你这个样子是不是过于谦虚和自我压抑了,致使别人以为你是没脾气的人,也因此经常受到别人的支配。你应该从现在起,尽量不要去想自己的弱点,多往好的一面去衡量,先学会看重自己,告诉自己其实你很优秀,认真对待学习和生活,也有自己的原则和坚持,这样别人才会真正看重你。)

16—30分:对事情的要求不至于为你的生活带来困扰。(跟前一类人相比,你算是有所要求的人,不过还好,你有自己的坚持却不会太苛求自己和别人,你对人对己的要求都在合理的范围内,虽然偶尔可能会让人觉得你不是很容易应付,可是这正是一个人的个性,证明你不是随便没追求的老好人,所以这样的你有一点追求完美的倾向,不过并不过分。另一方面,也可以由此看出你对自己颇有自信,虽然你仍然或多或少缺乏安全感,会对自己产生怀疑,也会对自己不是那么满意,不过这些都不是大问题,你不妨提醒自己,你在优点和长处各方面并不输别人,你是有自己独特的才能和优势的,相信自己会有所成就。)

31—45分:你是完美主义者,而且可能正陷于苦恼中。(你的世界,好像是简单的二元化的,非此即彼,非好即坏,你总是渴望自己是最好的,做事是最完美的,感情是最纯净的……这样做的结果,一方面是让你身边的人都有点神经紧张,生怕一不小心就成了你攻击的靶子;另一方面你也让自己活得很累,稍微不如意,就会让你陷入深深的沮丧和失落中。当然了,从积极的方面看,说明你对自己信心十足,明白自己的优点,同时也力求改正自己仍然存在的缺点。不过,在此警告你一声,如果你的得分将近45分的话,别人可能会认为你很自大狂傲,甚至气焰太盛,你不妨在别人面前谦虚一点,这样人缘才会好,而且,相对来说你会活得轻松一些,告诉自己人无完人,一些小缺陷或者偶尔的小错误,刚好证明你是正常人而非了无生趣的神。)

小结:也许这个小测试就是一个真正认识自我的开始。下面我们就来试一试了解自己吧!

【训练场】

下面这个游戏就是针对如何看待自己而设计的。请在表格空白之处,按着左侧的提示,从左至右写上:"真实的我——理想的我——别人眼中的我",也可从上而下一列一列地完成。

	真实的我	理想的我	别人眼中的我
1. 身高			
2. 体重			
3. 相貌			
4. 出身阶层			
5. 文化程度			
6. 性别			
7. 性格			
8. 人际关系			
9. 智力			
10. 爱好			
11. 班级中地位			
12. 健康状况			
13. 老师眼中形象			
14. 父母眼中形象			

填好了吗?"理想的我"和"真实的我"不相符合之处多吗?数一数到底有多少条?

"真实的我"和"别人眼中的我",有多大差距?

请你静下心来,想一想,问一问自己,我对"真实的我"满意吗?如果不满意,有哪些地方是通过努力可以改变的?我尽到自己的努力和责任了吗?我是否经常为无法改变的自我而忧心忡忡?我

是否太过在意别人的评价,以至于活在别人的期望与阴影之中? 我为"理想的我"制定过一个切实可行的行动计划了吗? 我是否在持续不断地为理想而行动? 我的"真实的我"与"别人眼中的我"与"理想的我"是否基本一致? 如果出入较大,原因是什么?

【迷津点拨】

认识自我,是接纳自我、提升自我的前提,这样可以避免自高自大、目空一切;或自暴自弃,妄自菲薄。因为你是你今生的唯一,善待自己,你将获得对自己的认同和理解;爱自己,为使自己能更好地给予他人。同学们可以通过以下两种途径了解自己:

(1) 自我审查,即反省,可了解自己的优点、正视自己的缺点,并有超越自己的可能;

(2) 从他人眼中看自己,即旁观者清,能从其他角度知晓真实的自己,不过要切忌完全依赖他人,陷入不够自信、没有主见的沼泽。

【思考】

1. 常常有人不仅讨厌别人,甚至讨厌自己,这是为什么?

2. 知己知彼方能百战百胜,其中的"知己"是指什么?

第三节 原来我很棒

——自我激励

> 自信让人敢于面临人生当中的各种考验;与其相反的是自卑,但自卑是可以彻底摆脱的。
>
> 人的潜大力量无法估量,但我们可以去激活它。

【广角镜】

故事一:尼克松败于自信的故事

尼克松是我们极为熟悉的美国总统,但就是这样一个大人物,却因为一个缺乏自信的错误而毁掉了自己的政治前程。

1972 年,尼克松竞选连任。由于他在第一任期内政绩斐然,所以大多数政治评论家都预测尼克松将以绝对优势获得胜利。然而,尼克松本人却很不自信,他走不出过去几次失败的心理阴影,极度担心再次出现失败。在这种潜意识的驱使下,他鬼使神差地干出了后悔终生的蠢事。他指派手下的人潜入竞选对手总部的水门饭店,在对手的办公室里安装了窃听器。事发之后,他又连连阻止调查,推卸责任,在选举胜利后不久便被迫辞职。本来稳操胜券的尼克松,因缺乏自信而导致惨败。

故事二:小泽征尔胜于自信的故事

小泽征尔是世界著名的交响乐指挥家。在一次世界优秀指挥家大赛的决赛中,他按照评委会给的乐谱指挥演奏,敏锐地发现了不和谐的声音。起初以为是乐队演奏出了错误,就停下来重新演奏,但还是不对。他觉得是乐谱有问题。这时,在场的作曲家和评委会的权威人士坚持说乐谱绝对没有问题,是他错了。面对一大批音乐大师和权威人士,他思考再三,最后斩钉截铁地大声说:"不!一定是乐谱错了!"话音刚落,评委席上的评委们立即站起来,报以热烈的掌声,祝贺他大赛夺冠。

原来,这是评委们精心设计的"圈套",以此来检验指挥家在发现乐谱错误并遭到权威人士"否定"的情况下,能否坚持自己的正确主张。前两位参加决赛的指挥家虽然也发现错误,但终因随声附和权威们的意见而被淘汰。小泽征尔却因充满自信摘取了世界指挥家大赛的桂冠。

故事三:关于一位农夫的故事

一位农夫在粮仓面前注视着一辆轻型卡车快速地开过他的土地。

他的 14 岁的儿子正在开着这辆车。由于年纪还小,他还不被允许考驾驶执照,但是他对汽车很着迷,似乎已经能够操纵一辆车了,因此农夫准许他在农场里开这辆客货两用车,但是不准他上外面的路。但是突然间,农夫眼看着汽车翻到水沟里去了,他大为惊慌,急忙跑到出事地点。他看

到沟里有水,而他的儿子被压在车子下面,躺在那里,只有头的一部分露出水面。

根据报纸上所说,这位农夫并不很高大,他有170厘米高,70公斤重,但是他毫不犹豫地跳进水沟,双手伸到车下,把车子抬了起来,足以让另一位跑来援助的工人把那失去知觉的孩子从下面拽了出来。

当地医生很快赶来了,给孩子检查一遍,只有一点皮肉伤,其他毫无损伤。这个时候,农夫却开始觉得奇怪了起来。刚才去抬车子的时候根本来不及想一下自己是否抬得动,由于好奇他就再试了一下,结果根本就动不了那辆车。

【七嘴八舌】

故事一和故事二说明了什么道理?

故事三中,为什么当农民看到儿子被卡车压在下面时,就能轻而易举地把车抬了起来,而第二次却再也抬不动那辆车了? 你相信人真有如此大的潜能吗?

小结:有了充足的自信就有了向前冲的力量,那么本来充满着不可能的事情也可能因此俯首称臣。但是,这种自信的力量是不会主动送上门的,要得到它,就要靠自己去寻找、去发现。在某些特殊时候,我们就可以看到人类惊人的力量,就如农夫一样,只是被激发出来而已。下面就先让我们来探一探我们是不是自信的人吧!

【自我探秘】

自 信 心 量 表 ①

"自信心量表"是由美国心理学家罗森伯格制定的,它是世界上最常用的测量个人自信心的量表。它共有10道测试题,用以测量个人对自我感觉的好坏程度。该量表具有简单易懂、操作方便、可信度高等特点。

指示:以下是一组有关自我感觉的句子,请按你的情况作答。

1=很不同意 2=不同意 3=同意 4=很同意

1. 我认为自己是个有价值的人,至少基本上是与别人相等的。　　　　1 2 3 4

2. 我觉得我有很多优点。　　　　1 2 3 4

3. 总的来说,我觉得我是一个失败者。　　　　1 2 3 4

4. 我做事的能力和大部分人一样好。　　　　1 2 3 4

5. 我觉得自己没有什么值得骄傲的。　　　　1 2 3 4

6. 我对于自己是抱着肯定的态度的。　　　　1 2 3 4

7. 总括而言,我对自己感到满意。　　　　1 2 3 4

8. 我希望我能够更多地尊重自己。　　　　1 2 3 4

---

① 摘自http://www.zjghczx.com.cn

9. 有时候我确实觉得自己很无用。　　　　　　　　　　　　　　1 2 3 4

10. 有时候我认为自己是一无是处。　　　　　　　　　　　　　　1 2 3 4

计分方法：

受测者最低得分为 10 分,最高得分为 40 分。在 10 个条目中,第 3、5、8、9、10 五个条目的算分是反向的(即 1 分算作 4 分,4 分算作 1 分;2 分算作 3 分,3 分算作 2 分)。

得分解释：

10—15 分：自卑者(你对自己缺乏信心,尤其是在陌生人和权威面前,你总是感到自己事事都不如别人,你时常感到自卑。你需要大大提高你的自信心)。

16—25 分：自我感觉平常者(你对自己感觉既不是太好,也不是太坏。你在某些场合下对自我感到相当自信,但在其他场合却感到相当自卑,你需要稳定你的自信心)。

26—35 分：自信者(你对自己感觉十分良好。在大多数场合下,你都对自我充满了自信,你不会因为在陌生人或权威面前感到紧张,也不会因为没有经验就不敢尝试。你需要在不同场合下调试你的自信心)。

36—40 分：超级自信者(你对自己感觉太好了。在几乎所有场合下,你都对自我充满自信,你甚至不知道什么叫自卑。你应该学会控制你的自信心,变得自谦一些)。

小结：通过该测试题,同学们对自己有了更真实的了解。无论你的得分是什么,最主要的是清楚自己应该从哪个角度去完善自己,建立自信,而不是自卑或自负。下面让我们来试一试吧!

【训练场】

游戏一：一句真诚的赞美

每位同学都选择班上任何一个同学,真诚地对他(她)说一句赞美的话。

要求：称赞要由衷、贴切、独特。(附赞美词语表：乐于助人、兴趣广泛、有恒心、认真学习、勇敢、温柔、有理想、善良、文静、细心、坚强、思维能力强、组织能力强、有责任心、有主见、善解人意、活泼开朗、尊敬老师、坦率、人际关系好、热爱劳动、诚实、聪明、热情大方、成绩优秀、五官端正、眉清目秀、身材苗条等)

游戏二：掌声响起来

材料：一张纸,一支笔,带秒的钟。

步骤：1. 请同学预计自己一分钟可以鼓多少次掌? 将这个数字写在纸的左上角。

2. 鼓掌要求：双手距离不能太大,3—5 cm 就可以。

3. 老师掌握 10 秒钟时间,给同学在 10 秒之内尽自己的能力去鼓掌。

4. 同学将自己鼓掌的数字乘以 6 就可以得出一分钟鼓掌的数字。

5. 同学把这个数字写在纸的最中央。

【迷津点拨】

自信是获得成功的基石;自信是我们克服困难、抵抗挫折的巨大精神支柱;自信是我们向一定

目标进取,实现远大理想的动力源泉;自信还能够促进我们严格要求自己,天天向上。自信就是有激情地做事、勇于负责任、主动与人结交、敢于行动!

要想建立自信,首先不要妄自菲薄;其次经营你的优势;第三给予自己积极的暗示;还有不要让坏情绪影响你的自信心,多肯定自己的成绩,为自己的人生绘上夺目的光彩。因为:

有什么样的想法就有什么样的生活;有什么样的选择就有什么样的成果;你不能决定生命的长度,但你可以控制生命的深度;你不能左右天气,但你可以改变心情;你不能改变容貌,但你可以展现笑容;你不能控制他人,但你可以掌握自己;你不能预知明天,但你可以利用好今天;你不能每战必胜,但你可以尽心尽力!

资料:　　　　　　　　　不可思议的力量

人的潜能犹如一座有待开发的巨大金矿,蕴藏丰富,价值连城。

现代医学心理学认为,由于各种复杂的内部和外部原因,人的大脑机能存在着一种抑制现象,使得人们长期难以察觉自己的能力。在意想不到的强刺激条件下,这种抑制被解除,蕴藏在人体内的潜能会突然爆发出来,产生一种神奇的力量。一个人通常都存有极大的潜在体力,据专家认定,潜意识的力量是有意识力量的三万倍。而平时我们就像"放在玻璃罩里的跳蚤"一样,连续跳了几次碰壁之后,就调整自己能够跳起的高度来适应新的环境,此后每次跳起的高度总保持在罩顶以下;最后,玻璃罩接近桌面,跳蚤无法再跳了,只好在桌子上爬行。这时候,如果你把玻璃罩拿走,再拍桌子,跳蚤仍然不会跳跃,"跳蚤"变成了"爬虫"。为什么呢? 不是因为跳蚤丧失了跳跃能力,而是遭受挫折以后,变得心灰意冷。最为可悲的是:虽然玻璃罩已经不存在了,跳蚤却连"再试一次"的勇气也没有了。玻璃罩的限制已经深深地刻在它那有限的潜意识里,反映在它的心灵上……

从以下材料中,你能发现人类的潜能是怎样的吗?

名人

1. 爱迪生一生有 2 000 多项发明。
2. 恩格斯能说 20 种语言。
3. 贝多芬在耳聋后仍创作出大量优秀的音乐作品。
4. 茅盾能熟背整本《红楼梦》。

普通人

1. 南京一名哑女周婷婷能背圆周率小数点后 1 000 多位。
2. 日本一位妇女,为救即将从 5 楼坠落的幼子,竟跑得比运动员还快。
3. 有位叫伊莱贾的人,读一遍就能记住的书竟有 200 册之多。

【思考】

请说说自己做得很棒的一件事。

第四节 管理自己,也可以管理他人

——情绪认识和情绪管理

管理自己,掌握自己的命运之舵;识别他人,利用他人情绪管理他人。

【广角镜】

材料一:《三国演义》中的周瑜才华出众,机智过人。但是,诸葛亮利用其气量狭小的弱点,巧设计谋,气得他断送了风华正茂的性命。

材料二:《儒林外史》中的范进,多年考不中举人,直到 50 多岁时,终于听到自己金榜题名,"喜极而疯"。

材料三:数学成绩下来了,张晓华考得不好,想到回家就要挨妈妈批评,心里很难过,同桌李阳考得不错,他不禁喜形于色,大声对周围同学说:"我妈妈说了,如果这次考好了,就给我买我想要的漫画书。到时候借给你们看。"张晓华听到这话,一声不响地出去了。看见张晓华出去了,同学都指责李阳不应该这样,李阳很困惑。

【七嘴八舌】

1. 材料一和材料二分别体现了什么情绪? 结果怎样?

2. 请问,关于材料三:你能想象当时张晓华的心情吗? 李阳当时的情绪表达是否合适? 为什么同学要指责李阳? 情绪的表达是否是自己的事情?

小结:周瑜败在了自己手上,他不会对自我进行情绪管理,也恰巧被诸葛亮所利用;范进人生也是毁于不擅长对自我的情绪调控。而张晓华和李阳也正如两位古人,对自我情绪和他人情绪缺乏认识和管理。那下面我们来探一探自己是不是一个善于管理情绪的人!

【自我探秘】

情绪控制力测试

情绪控制是情商的基础,这种随时随地控制感情不外露的能力对于融入社会非常重要。学会控制情绪是获得良好人际关系的基本原则之一。

下列的描述中,请选择符合你情况的一项:

(1)你有时会向自己的家人大发脾气吗?   A. 是   B. 不一定   C. 否

(2)你经常会有难以集中注意力的情况吗?   A. 是   B. 不一定   C. 否

(3) 有时你会莫名其妙地感到伤感吗？　　　　　　A. 是　　　B. 不一定　　　C. 否
(4) 在紧张的时候，你总是有办法减轻自己的紧张情绪吗？　A. 是　　　B. 不一定　　　C. 否
(5) 你经常因吃得太饱而感到难受吗？　　　　　　A. 是　　　B. 不一定　　　C. 否
(6) 你总是能不厌其烦地反复向别人解释自己的过错吗？　A. 是　　　B. 不一定　　　C. 否
(7) 你总是能很细心地向小朋友说明一个难懂的问题吗？　A. 是　　　B. 不一定　　　C. 否
(8) 即使是重复单调的工作，你却有自得其乐的办法吗？　A. 是　　　B. 不一定　　　C. 否
(9) 遇到危险时，你会很快沉着起来努力寻找应对的办法吗？　A. 是　　　B. 不一定　　　C. 否
(10) 不高兴的时候，你就会尽量少与人接触吗？　A. 是　　　B. 不一定　　　C. 否

评分标准：

	A	B	C			A	B	C
(1)	0	1	2		(2)	0	1	2
(3)	0	1	2		(4)	2	1	0
(5)	0	1	2		(6)	2	1	0
(7)	2	1	0		(8)	2	1	0
(9)	2	1	0		(10)	0	1	2

解答：本测试最高得分为 20 分，分数越高，证明你的情绪控制力越强；分数越低，说明你的情绪控制力越差。如果你的得分在 10 分以下，证明你控制情绪的能力很差，经常会受到不良情绪的困扰。

小结：这个测试是对自己情绪控制力的了解，从自身也可以投射出他人的情绪，下面我们来试一试对自我和他人情绪的认识和管理吧！

【训练场】

活动一：出谋划策

我们班有几个同学最近特别苦恼，我们大家来帮帮他们。

(A) 娜娜："我这个人就是爱打抱不平，上次班里有同学哄闹，我一时冲动就上去了，结果人家没有动手，我倒是变成了那次打架事件的始作俑者，事后后悔得不得了，但是这个毛病就是改不掉，我该怎么办呢？"

(B) 小力是个文静的孩子，但是在学习上因为暂时没有找到适合自己的学习方法，学习成绩总也上不去，为此经常受到老师的批评，他很伤心，变得非常敏感，心情忧郁，睡不着觉。

活动二：讲述自己的心灵故事

娜娜和小力是两个不太善于调节自己情绪的孩子，请问我们其他的同学在生活中有没有成功地调适自己情绪的体验，你采用了什么办法解决的？

活动三：练兵场

"木头人游戏"：说说怎样控制住笑？

引申：当我太激动时,我该怎样控制自己? 当你沮丧时,如何使自己重新快乐起来?

下面我们来练一练:(分四个组,每组重点思考一题,回答的时候其他小组补充)

1. 考试时很紧张,这时我会_____。

2. 与他人发生冲突时,我刚要发怒,我会_____。

3. 别人有好朋友,而自己没有,很失落,我会_____。

4. 别人在背后说自己坏话,_____。

【迷津点拨】

情绪本身没有对错,但它会影响我们的行为及心理健康,所以有时要对它进行控制。虽说情绪是人的心理活动,但它与个人的学习、工作和生活等方方面面都息息相关。积极、向上、快乐的情绪有益于个人的身心健康,有益于个人的智力发展,有利于发挥个人的正常水平;相反,消极、不良的情绪会影响个人的身心健康,抑制个人智力的发展和正常水平的发挥。而且从表面上看,喜怒哀乐是个人的事,其实,从上面的例子我们就可以知道人的情感是具有相通性和感染性的。一个人的情绪状态很容易影响到周围的人,我们应该学会在合适的场合,用合适的方式发泄自己的情绪,即"喜怒哀乐,不忘关心他人"。

对于情绪,我们应该知道如下的相关知识:

(1) 识别自己和他人的情绪体验。

每个人在生活中都会表现出各种情绪,包括中医所概括的七情"喜、怒、忧、思、悲、恐、惊",还有一些复杂情绪如后悔、懊恼、嫉妒、狂暴等。每种情绪都有各自的内心体验,要识别自己和他人的情绪,首先要识别自己和他人的各种情绪体验。你可以用笔写下自己和他人在每种情绪出现时的内心体验和表现,同时在生活中注意观察自己和别人的体验有何特点。

(2) 识别自己和别人的情绪表达。

识别自己和别人的情绪还要能够识别自己和别人在表现每种情绪时,自己的表达方式有哪些?比如语言、表情、动作、姿势等。每个人都有不同的表达方式,有的优雅,有的粗俗,有的文静,有的活泼,你或他是哪种类型就需要观察了。

(3) 识别自己和别人的情绪调节。

不同的人出现情绪时,除有不同的表达方式之外,还有不同的调节方式。有的会很快从悲伤难过中调节过来,有的人却总是沉浸其中;有的人表达愤怒之后很快能恢复平静,有的人却在愤怒之后久久不能平静,甚至难以入睡,没有食欲,伤害了自己的身体。所以,需要你在平时生活中,观察自己和相处的人调节情绪的方式是否合适,是否需要改变。

(4) 识别自己和别人的情绪宣泄。

每个人都会有难以承受的情绪或情感压力,都需要一定程度的释放、宣泄。不同的人会有不同的宣泄方式,有的比较健康,属于比较积极成熟的方式,如化悲痛为力量、去运动、锻炼身体;有的却很有害,属于幼稚消极的方式,如痛哭流涕、捶胸顿足、号啕大哭。对于自己情绪就有转移注意力法、合理发泄法、理智控制法;而对于他人情绪,要学会移情换位、看准对方身份再移情、听得懂弦外之音、无声语言要看懂、"阅读"他人眼睛、穿衣识人、聆听、看他怎么做等等。

【思考】

人和动物的区别不仅在于有思想、会思考,还有重要的一点,是人能控制自己的情绪。当你受到委屈的时候,自己将会怎样处理呢?

第五节　你、我、他在一起

——人际关系和沟通

人际关系决定你的成功指数,而沟通是帮助你化解矛盾、促成理解、达到目的的不二法门,它也是说话的学问。

【广角镜】

一个女孩的故事

莎莎在上中学之前没有集体生活的经验,一切都是父母料理,学习成绩很好,老师喜欢,父母也高兴。可上外地的寄宿制学校后这些优势都不复存在了,在学习和生活的压力之下,莎莎感到自己处处不如人,尤其是能说会道的同室的六个本地同学,她不会说本地话,不能与她们交流,她感到很孤独、很寂寞,觉得自己万分的痛苦,快要发疯了。

【七嘴八舌】

莎莎怎么了? 同学们想想办法帮帮她。

小结:莎莎因为不懂得如何与人相处,变成了一个可怜的孩子。那么,你们善于与人交往吗? 让我们来探一探吧!

【自我探秘】

人际交往能力自我测试量表①

根据下列测试题实事求是地打分。

符合:2分;基本符合:1分;难以判断:0分;不大符合:—1分;不符合:—2分。

1. 我不喜欢广交朋友。

2. 我去朋友家作客,总是问有没有我不熟悉的人也去聚会。如果有,我的热情就明显下降。

3. 我同别人的友谊发展,多数是别人采取主动态度。

4. 我的文字表达能力远比口头表达能力强。

5. 我的朋友都是与我年龄相差无几的。

6. 我不习惯与别人聊天。

7. 在公共场合讲话,我不敢看听众的眼睛。

---

① 摘自http://www.lwqzx.sdedu.net

8. 我看陌生人常常不知道该说些什么。

9. 我的要好朋友很少。

10. 在陌生的异性面前,我往往感到手足无措。

11. 我只喜欢同我谈得来的人接近。

12. 到一个新环境,我可以接连几天不讲话。

13. 如果没有熟人在场,我很难找到彼此交谈的话题。

14. 我不习惯在大庭广众中讲话。

15. 如果在"主持会议"与"做会议记录"这两项工作中挑一样,我肯定只挑选后者。

16. 我很少主动到同学、朋友家去访问晤谈。

17. 领导或老师在场时,我讲话特别紧张,结结巴巴,表达不清楚。

18. 参加一次新的集会,我不会认识多少人。

19. 当别人请求我帮助而我无法满足对方要求时,我常常不知道如何处理。

20. 不是万不得已,我决不求助于人,这倒不是生性好强,而是感到难以启齿。

测试评价:

20分以上:交往能力很差;0—19分:交往能力较差;—19—0分:交往能力尚可;—20分以下:交往能力较强或强。

小结: 人际关系佳者更接近成功,让我们来试一试提高我们的人际交往能力,掌握沟通的本领吧!

【训练场】

游戏:穿衣服

沟通的一大误区就是假设别人所知道的与你知道的一样多,比如下面这个游戏就以一种很喜剧的方式说明了这一点给人际交往带来的不便。

游戏规则和程序:

1. 挑选两名志愿者,A 和 B,其中 A 扮演老师,B 扮演学生,A 的任务就是在最短的时间内教会 B 怎么穿西服(假设 B 既不知道西服是什么,又不知道应该怎么穿)。

2. B 要充分扮演出当学员的学习能力比较弱的时候,老师的低效率,例如:A 让他抓住领口,他可以抓住口袋,让他把左胳膊伸进左袖子里面,他可以伸进右袖子里面,以极尽夸张娱乐之能事。

3. 有必要的话,可以让全班同学辅助 A 来帮助 B 穿衣服,但注意只能给口头的指示,任何人不能给 B 以行动上的支持。

4. 推荐给 A 一种卓有成效的办法:示范给 B 看怎么穿。以下是工作指导的经典四步培训法:(1) 解释应该怎么做;(2) 演示应该怎么做;(3) 让学生提问,向他们解释应该怎么做;(4) 请学员自己做一遍。

讨论:

1. 对于 A 来说,为什么在游戏的一开始总是会很恼火?

2. 怎样才能更好地获得 A 与 B 之间的更好的沟通?

【迷津指点】

在游戏的开始阶段,A 总是会觉得很恼火,这主要是因为 A 的预期与 B 的实际能力不一致所导致的,A 认为一般人都应该会穿西服,而 B 恰恰是不会穿西服的,两者之间产生落差,自然会让 A 觉得 B 很笨。

对于反应迟钝或能力比较弱的对象来说,首先应该要端正自己的心态,要将其调整到与对方相符的状态上,千万不要表现出不满和鄙视,应该多与其沟通,帮助他们确认自己的能力,这一点也可以推广到日常的人际交往中。

在沟通的过程中,微笑和肯定是非常重要的,肯定别人做出的成绩,即使是微不足道的,因为那样可以帮助他们巩固自己的自信心,更快地掌握所要学习的知识。

不要再因为缺乏沟通而加深误解,不要再因为沟通不畅而使问题变得越来越复杂。减少了沟通的环节就提高了沟通的效率。让我们尝试去记住他人的名字、维护他人的自尊心、以德报怨、信守你的承诺、要有亲和力、谦虚宽容真诚和热情;学会赞美、让对方多开口、委婉地批评他人的错误、不要无休止的争论、从相同观点说起、投其所好、站在对方立场看问题。

【思考】

世界是多姿多彩的,人和人之间友好相处,才能促进学习、工作和生活等多方面的和谐发展。可人的性格各不相同,心眼有大小之别,请说说你是如何与他人相处的。

第六节　做一个坚强的人

——意志力训练

> 一个拥有伟大志向的人,如果他没有意志力,他的理想也只能成为幻想,永远也实现不了。

【广角镜】

铁 杆 磨 成 针

李白是唐代的大诗人,但是小时候读书并不用功。

有一天,他的书读到一半,就不耐烦了:"这么厚一本书,什么时候才能读完啊!"于是,他干脆不读了,把书一扔就溜出去玩。

李白快乐地跑着,忽然,他看见一位老奶奶正在磨刀石上用力地磨着一根铁棒。李白觉得很奇怪,便蹲了下来,傻傻地看了好一阵儿。老奶奶也不理会他,只是全神贯注地磨着。后来,李白忍不住了,问道:"奶奶,你这是干什么呢?"

"我在磨一根针来缝衣服。"老奶奶头也不抬,专心地磨。

"磨针?"李白更加奇怪了,"这么粗一根铁棒怎么能磨成针?!"

老奶奶这才抬起头来说:"孩子,铁棒再粗,我天天磨,还怕它磨不成一根针吗!"

李白听了,恍然大悟,"对呀! 只要有恒心,再难的事情也能做成功的,读书不也是这样吗!"

于是,他便立刻转身跑回家去,拾起扔在地上的书本,专心地读起来,从此也再不敢偷懒了。后来他终于成为中国历史上一位伟大的诗人。

【七嘴八舌】

从李白身上你看到了什么? 你对意志力知道多少? 请说一说。

小结: "铁杆磨成针"虽说是一个古老的中国故事,但其中喻义却是永不过时的。那么,你是一个做事有意志力的人吗? 我们来探一探吧!

【自我探秘】

意 志 力 自 测①

意志力是一种强大的精神力量。在工作学习和生活中,如果缺乏自觉的行为目的,没有达到目的的

---

① 摘自http://job88.com

决心和战胜困难的勇气,没有刻苦顽强的努力,是不会取得优异成绩的。学生时期正处在人生关键时期,意志品质的优劣不仅影响到他们现在的学习和生活,更关系到他们的未来,良好的意志品质是中学生将来获得成功的重要保证。以下是意志力自测的题目,同学们可用于进一步了解自己的意志力状况。

每题答案均为 A. 很符合自己;B. 比较符合自己;C. 见于符合与不符合之间;D. 不大符合自己;E. 很不符合自己,请做好判断。

1. 我很喜爱长跑、远足、爬山等体育运动,但并不是因为我的身体条件适合这些项目,而是因为这些运动能够锻炼我的体质和毅力。

2. 我给自己订的计划,常常因为主观原因不能如期完成。

3. 如果没有特殊原因,我每天都能按时起床,从不睡懒觉。

4. 我的作息没有什么规律性,经常随自己的情绪和兴趣而变化。

5. 我信奉"凡事不干则已,干则必成"的格言,并身体力行。

6. 我认为做事情不必太认真,做得成就做,做不成便罢。

7. 我做一件事情的积极性,主要取决于这件事的重要性,即该不该做;而不在于做这件事的兴趣,即不在于想不想做。

8. 有时我躺在床上,下决心第二天要干一件重要事情,但到第二天这种劲头就消失了。

9. 在学习和娱乐发生冲突的时候,即使这种娱乐很有吸引力,我也会马上决定去学习。

10. 我常因读一本引人入胜的小说或看一出精彩的电视节目,而不能按时入睡。

11. 我下决心办成的事情(如练长跑),不论遇到什么困难(如腰酸腿痛)都能坚持下去。

12. 我在学习和工作中遇到困难,首先想到的就是问问别人有什么办法。

13. 我能长时间做一件重要而枯燥无味的工作。

14. 我的兴趣多变,做事情常常是"这山望着那山高"。

15. 我决定做一件事时,常常说干就干,决不拖延或让它落空。

16. 我办事情喜欢拣容易的先做,难的能拖则拖,实在不行,就赶时间做完算数,所以别人不大放心让我干难度大的工作。

17. 对别人的意见,我从不盲目,总喜欢分析、鉴别一下。

18. 凡是比我能干的人,我从不怀疑他们的看法。

19. 遇事我喜欢自己拿主意,当然也不排斥听取别人的建议。

20. 生活中遇到复杂情况时,我常常举棋不定,拿不了主意。

21. 我不怕做我从来没有做过的事情,也不怕一个人独立负责重要的工作,我认为这是对自己很好的锻炼。

22. 我生来胆怯,没有十二分把握的事情我从来不敢去做。

23. 我和同事、朋友、家人相处,很有克制能力,从不无缘无故发脾气。

24. 在和别人争吵时,我有时虽明知自己不对,却忍不住要说一些过头的话,甚至骂对方几句。

25. 我希望做一个坚强的、有毅力的人,因为我深信"有志者事竟成"。

26. 我相信机遇,很多事实证明,机遇的作用有时大大超过个人的努力。

评分标准:上述 26 道题中,凡逢单数的试题(1,3,5,7,……)的 A、B、C、D、E 依次记 5、4、3、2、1 分。逢双数的试题(2,4,6,8,……)的 A、B、C、D、E 依次记 1、2、3、4、5 分。26 道题的得分相加就是总得分。

110 分以上：说明意志力很坚强；91—110 分：说明意志力较坚强；71—90 分：说明意志力一般；51—70 分：说明意志较薄弱；50 分以下：说明意志很薄弱。

小结：罗素·康维尔博士说："古往今来，对于成功秘诀的谈论实在太多了。但其实，成功并没有什么秘诀。成功的声音一直在芸芸众生的耳边萦绕，只是没有人理会她罢了。而她反复述说的就是一个词——意志力。"让我们来试一试加强我们的意志力吧！

【训练场】

表演游戏："站桩"

游戏规则：全体同学分成两个人一组，两两结合在一起站在板凳上，直立，保持不动，计时开始，看哪组坚持得时间最久。

【迷津点拨】

"站桩"是中国武功的基本工夫，看似简单的动作，能坚持一段时间并不容易，可以用来增强一个人的意志力。但是，意志力的培养并不是一天两天的事，它需要坚持！不过，锻炼意志力，随时都可以进行的，比如从身边的小事做起，就可以锻炼大毅力。首先，高尔基说："哪怕是对自己的一点小小的克制，也会使人变得强而有力。"有的人好睡懒觉，那不妨来个睁眼就起；有的人"今日事，靠明天"，那就把"今日事，今日毕"作为座右铭；有的人碰到书就想打瞌睡，那就每天强迫自己读一小时的书，不读完就不睡觉，只要天天强迫自己坐在书本面前，习惯总会形成，毅力也就油然而生。因为人有惰性，克服惰性需要毅力。其次，培养兴趣能够激发毅力。有人说兴趣是毅力的门槛，这话是有道理的。法布尔对昆虫有特殊的爱好，他在树下观察昆虫，可以一趴就是半天。诺贝尔奖获得者丁肇中说，我经常不分日夜地把自己关在实验室里，有人以为我很苦，其实这是我兴趣所在，我感到"其乐无穷"的事情，自然有毅力干下去了。当然人的兴趣有直观兴趣和内在兴趣之分，但两者是可以转换的。例如：有的人对学外文兴味索然，可他懂得，学好外文是社会生存的需要，对这个需要，他有兴趣，因此他能强迫自己坚持学外文。在学的过程中，对外文的兴趣也就能够渐渐培养起来，这反过来又能进一步激发他坚持学外文的毅力。再次，由易入难，既可增强信心，又能锻炼毅力。徐特立学法文时，已年过半百，别人都说他学不成，他说，让我试试看吧。他知道自己记性差，工作又忙，所以，开始为自己规定的"指标"只是每天记一两个生词。这个计划起步不大，容易实现，看起来慢了一些，但能够培养信心，几个月下来，徐老不但如期完成计划，而且培养了兴趣，树立了信心，又慢慢掌握了学法文的"窍门"，以后每天可以记三四个生词了。徐老的做法很有道理。要是一开始在没有把握的情况下，就提出过高的指标，结果计划很可能实现不了，信心也必然锐减，纵使平时有些毅力的人，这时也可能打退堂鼓。美国学者米切尔·柯达说过："以完成一些事情来开始每天的工作是十分重要的，不管这些事情多么微小，它会给人们一种获得成功的感觉。"这种感觉无疑有利于毅力的激发。

【思考】

"天将降大任于斯人也，必先苦其心智，劳其筋骨，饿其体肤。"你是怎么认识这句话的？

参考文献

1. 清华. 优秀中学生 14 种记忆能力. 延边大学出版社, 2005.

2. 陈琦, 刘儒德. 当代教育心理学. 北京师范大学出版社, 1997.

3. 刘金花. 儿童发展心理学(修订版). 华东师范大学出版社, 2006.

4. 十维. IQ 智商思维游戏. 中国和平出版社, 2006.

5. 武瑛娟. 越玩越聪明. 中国城市出版社, 2007.

6. 汪乃铭, 钱峰. 学前心理学. 复旦大学出版社, 2007.

7. 叶冠. 中国高才生思维游戏训练. 企业管理出版社, 2006.

8. 罗锐韧, 梁伦胜. 哈佛考考你系列. 印刷工业出版社, 2003.

9. 孙利平, 刘欣怡. 小学生观察力训练游戏. 金盾出版社, 2005.

10. 杨明. 大脑游戏宫——观察力训练. 湖南少年儿童出版社, 2000.

11. 周文. 观察力开发与训练. 黑龙江人民出版社, 2003.

12. 周宗奎. 激活观察力：智力游戏. 湖北少年儿童出版社, 2006.

13. 劳特. 儿童注意力训练父母手册. 四川大学出版社, 2006.

14. 学生注意力训练——五分钟提高学习成绩. 中国科学文化音像出版社, 2006.

15. 心雅, 元子. 聪明的孩子坐得住——注意力训练趣味游戏. 百家出版社, 2008.

16. 崔华芳, 李云. 培养孩子注意力的 50 种方法. 北京工业大学出版社, 2007.

17. 宿春礼, 胡宝林. 情商决定成败. 中国商业出版社, 2007.

18. 麦少美. 学前卫生学. 复旦大学出版社, 2006.

19. 四川省教育科学研究所. 心理健康教育. 四川文艺出版社, 2007.

20. 林崇德. 发展心理学. 人民教育出版社, 2006.

21. 王科. 实用快速记忆法. 漓江出版社, 1992.

22. 孙作东. 激活沉睡的脑. 黑龙江人民出版社, 2007.

23. 彭聃龄. 普通心理学. 北京师范大学出版社, 2004.

24. 中学素质教育阅读丛书——智力训练123. 网络电子书.

25. 蒋敬祖, 流川美如, 朱玉红. 35 岁前要有的 33 种能力. 沈阳出版社, 2009.

26. 彭洁等. 认清自我——世界 500 强企业 100 套经典测评题. 海天出版社, 2009.